일제강점기 지방의회 회의록 번역·해제집 7

전시체제기 경기·함경 편

동국대학교 대외교류연구원·인간과미래연구소 번역해제집 017

일제강점기 지방의회 회의록 번역·해제집 7
전시체제기 경기·함경 편

초판 1쇄 발행   2024년 3월 31일

편역자 | 방광석
펴낸이 | 윤관백
펴낸곳 | 선인

등 록 | 제5-77호(1998.11.4)
주 소 | 서울시 양천구 남부순환로 48길 1
전 화 | 02) 718-6252 / 6257
팩 스 | 02) 718-6253
E-mail | sunin72@chol.com

정가   20,000원

ISBN   979-11-6068-802-3   94910
ISBN   979-11-6068-795-8   (세트)

· 잘못된 책은 바꿔 드립니다.

이 저서는 2017년 대한민국 교육부와 한국학중앙연구원(한국학진흥사업단)을
통해 한국학 분야 토대연구지원사업의 지원을 받아 수행된 연구임
(AKS-2017-KFR-1230007).

동국대학교 대외교류연구원
인간과미래연구소 번역해제집 017

일제강점기 지방의회 회의록 번역 · 해제집 7

전시체제기 경기·함경 편

방 광 석 편역

▌ 발간사 ▐

　이 책은 동국대학교 대외교류연구원이 한국학중앙연구원의 지원을 받아 2017년 9월부터 2020년 8월까지 진행한 〈일제강점기 '지방의회 회의록'의 수집·번역·해제·DB화〉 사업의 결과물을 간행한 것이다.

　우리나라에서 지방자치제도가 본격적으로 도입된 것은 1948년 대한민국 헌법에서 지방자치를 명시하고, 이듬해인 1949년 최초의 「지방자치법」이 제정되면서부터였다. 그러나 6·25전쟁의 발발로 1952년에 와서 비로소 최초의 지방의회가 구성되었다. 이후 1960년 4·19혁명과 함께 제2공화국이 수립되면서 장면 정부(1960~1961년)는 「지방자치법」을 개정하여 지방자치제를 실시하였으나, 1961년 군사 쿠데타로 집권한 박정희 군사정부는 지방의회를 해산하고 「지방자치에 관한 임시조치법」을 제정하여 「지방자치법」의 효력을 정지시켰다. 1972년 유신헌법은 지방의회의 구성을 조국의 통일 때까지 유예한다는 부칙 규정을 두었고, 1980년 헌법도 지방의회의 구성을 지방 자치 단체의 재정자립도를 감안하여 순차적으로 하되, 그 구성 시기는 법률로 정한다는 부칙조항을 두었다. 그러다 1987년 6월 항쟁으로 개헌이 이루어지면서 1987년 헌법에서야 비로소 지방의회의 구성에 관한 유예 규정이 삭제되었고, 1988년에는 「지방자치법」이 전면 개정되었다. 이에 따라 1991년 상반기 각급 지방의회가 구성되었고, 1995년 광역 및 기초단체장과 광역 및 기초의회 의원선거를 실시하게 되었다.

　그러나 우리나라에 지방자치의 전신제도가 싹트기 시작한 것은 1895년 「향회조규」 및 「향약판무규정」이 시행되면서부터라고 할 수 있다. 이 조규와 규정은 지방 공공사무를 처리할 때 주민의 참정권·발언권을 인정한 획기적인 것이었으나, 1910년 이후 모두 소멸되었다.

　근대적 의미의 지방자치제도가 불완전하나마 실시된 것은 일제가 식민지정책의 일환으로 1913년 10월에 제령(制令) 제7호로 부에 「부제(府制)」를, 제령 제8호로 재한 일본인의 교육을 위한 「학교조합령」을 제정하고, 1917년에 제령 제1호로서 「면제(面制)」를 공포·시행하면서부터였다. 또한 일제는 1920년 제령 제15호로 「도지방비령(道地方費令)」, 제령 제14호로 「학교비령(學校費令)」을 제정·시행하였는데, 학교조합을 제외하고 의회는 없었고, 자문기관만이 있었으나, 그 심의사항도 극히 제한되었다.

　그 후 1931년 「부제」·「읍면제」·「학교비령」의 개정 및 「학교조합령」의 개정이 있었고, 「도제(道制)」 등이 제령 제13호 내지 제15호로 공포되어 「부제」와 「읍면제」는 1931년 4월부터, 「도제」는 1933년 4월부터 시행되었다.

　도·부·읍의 조직은 의결기관과 집행기관으로 구분되었는데, 의결기관으로는 도회(道會)·부회(府會)·읍회가 있었고, 그 의장은 각각 도지사·부윤(府尹)·읍장이 맡았다. 의결기관이라고는 하나 자문기관의 지위를 겨우 면한 정도였고, 권한도 도정 전반이 아니라 법령에 열거된 사항에 한정되었다.

　식민지 시기에 실시된 '지방의원'의 선거는 일정액 이상의 세금을 납부한 자에 대해서만 투표권을 부여하였기에 그 요건을 충족하는 부유층, 일본인, 지역 유지만 참가할 수 있는 불공평한 선거였다. 그나마 식민지 시기의 종식과 함께 일제 강점기의 지방의회제도는 역사에서 삭제되었고, 국민으로부터도 외면당하였다. 일제에 의하여 도입·시행된 지방의회제도에 어떤 식으로든 참여하였다는 것은 일제 통치에 '협력'하였음을 의미할 수 있으므로, 드러낼 수 없는 수치스러운 과거로 인식되었기 때문이다. 이로 인하여 상당 기간 이 분야의 연구는 진척되지 못하였고, 역사의 공백기로 방치되어 있었다.

그러나 식민지기 '지방의회' 연구는 다음과 같은 이유로 볼 때 학문적 가치가 높다 할 것이다. 첫째, 일제 강점기 지방의회에 참여한 '지역 엘리트'는 해방 후에도 지방의회에 참여하여 일제 시대의 지방의회 제도를 상당 부분 계승하였기에, 일제 강점기 지방의회 제도의 연구는 해방 전후 지역사를 탐색하기 위한 필수적인 작업이 될 수밖에 없다. 둘째, 일제 시대의 '지방의회'는 '식민지적 근대'가 집약되고 농축되어 있는 대표적 영역 중의 하나다. 전근대부터 형성된 사회관계의 동태적인 지속과, 근대의 불균등성 및 모순과 대립이 고스란히 '지방의회'를 둘러싼 지방 정치에 녹아있기 때문이다. 셋째, 회의록에 담긴 내용은 그 시기 그 지역 주민들의 삶을 고스란히 보여주고 있다는 점에서 일제 강점기 '민초'들의 일상을 엿볼 수 있는 귀중한 자료가 된다.

특히 지방의회 회의록은 지방행정 실태와 지역 권력 구조의 실상을 밝히는 데 필수적 자료라고 할 수 있다. 지방의회는 그 지역의 산업·경제, 문화, 환경, 관습, 제도, 지역민의 욕구, 취향 등 지역민의 생활과 직결된 다양한 영역이 총체적으로 동원된 네트워크였다. 지방의회는 그 지역의 역사적 고유성과 차별성이 빚어낸 집단적 사고방식, 생활습관 등에 따라 매우 다양하게 운영되었는데, 지역의 역동성을 가장 실체적으로 드러내는 자료는 지방의회 회의록이다. 그럼에도 불구하고 그동안 이 귀중한 문헌이 제대로 활용되지 못한 이유는, 회의록이 국가기록원의 방대한 자료 속에 산재해있어 접근이 용이하지 못했기 때문이다.

본 연구팀은 이에 착안하여 국가기록원 문서군에 흩어져있는 지방
의회 회의록 약 5천 건을 추출하여 연도별, 지역별, 행정단위별 등 여
러 범주에 따라 분류 가능하도록 체계화하였다. 그리고 회의에서 다
룬 의안과 회의 참석 의원, 결석 의원, 참여직원, 서명자, 키워드 등을
DB화하였다. 또한 회의록 중 지역사회에 파장을 가져오거나 이슈가
되었던 사안과, 그 지역의 장소성을 잘 보여주는 회의록, 일제의 지방
정책의 특성이 잘 나타나는 회의록 등을 선별하여 번역·해제하였다.
이로써 기존 연구에서 부분적으로 활용되던 지방의회 회의록을 종합
하여, 지역의 정치·경제·문화·사회운동·일상 등 모든 분야에 걸친 식
민지 사회 연구의 토대 조성에 일조하고자 하였다.

연구대상의 시기는 일제 통치방식의 변화가 지방의회에 미친 영향을
고려하여 1920년대(1기), 1930~1937년 중일전쟁 이전까지(2기), 1937~
1945년 해방까지(3기)의 기간으로 구분하였다. 1시기는 1920년 부제와
면제시행규칙 등 지방제도가 개정된 후 도평의회가 설치되고 부협의회
와 면협의회 선거를 실시하기 시작한 시기이다. 2시기는 1930년 개정된
지방제도로 도평의회가 도회로 개정되고 부회와 읍회가 자문기관이 아
닌 의결기관이 된 시기이다. 3시기는 중일전쟁 이후 사회 각 전반에서
통제정책이 시행되고 지역 사회의 공론장이 위축되며 지방 참정권이
극도로 제한된 시기를 포괄한다. 총 9권으로 이루어진 이 총서의 1~3권
은 1시기에 해당하며, 4~6권은 2시기, 7~9권은 3시기에 해당한다.

이 총서는 연구팀이 수행한 번역과 해제를 선별하여 경기·함경, 강
원·경상·황해, 전라·충청·평안 등 지역별로 나누어 각 권을 배치하였
다. 물론 방대한 회의록 중 이 총서가 포괄하는 분량은 매우 적다 할
수 있다. 그러나 가능한 도·부·읍·면 등 행정단위와 지리적·산업적 특
성, 민족적·계층별 분포에 따라 다양한 범주를 설정하여 회의록의 선

택과 집중에 힘썼기에, 각 도와 도 사이의 비교나 도의 하위에 포괄되는 여러 행정단위의 공통점과 차이점을 간파하는 데 도움이 될 것으로 기대한다. 특히 지역의 다층적 구조 속에서 '근대적'이고 '식민주의적'인 요소가 동시대에 어떻게 병존하는지, 그 관계성의 양상이 지역의 역사지리적 특성에 따라 어떻게 다르게 전승되는지를 파악하는 데 도움이 될 것이라 생각한다. 총서뿐 아니라 지방의회 회의록을 체계적으로 분류하고 집대성한 성과는 앞으로 식민지시기에 대해 보다 폭넓고 심도깊은 연구를 추동할 수 있으리라 믿는다.

이 총서가 간행되기까지 많은 분들이 도움을 주셨다. 먼저 지방의회 회의록 번역과 해제 작업이 전면적으로 이루어질 수 있도록 연구비를 지원해준 한국학중앙연구원과, 연구팀을 항상 격려해주신 동국대학교 전 대외교류연구원 고재석 원장님과 현 박명호 원장님께 감사드린다. 연구팀의 출발이 가능하도록 지원해주신 하원호 부원장님께 특히 감사의 마음을 전하고 싶다. 그리고 연구의 방향성 설정과 자료의 선택에 아낌없는 자문을 해주신 국민대학교 김동명 교수님, 동아대학교 전성현 교수님, 공주교육대학교 최병택 교수님께 감사드린다. 또한 연구팀의 원활한 운영을 위해 최선을 다해주신 국사편찬위원회 박광명 박사님과 독립운동사연구소 김항기 박사님, 그리고 동북아역사재단 박정애 박사님께도 감사드린다. 시장성이 적음에도 흔쾌히 출판에 응해주신 선인출판사 여러분께도 감사드리고 싶다. 끝으로 지리한 작업을 묵묵히 진행한 총서 간행위원회에 몸담은 모든 연구자 여러분께 우정의 마음을 전한다.

2024년 3월
연구책임자 동국대학교 조성혜

▌ 머리말 ▌

　본서는 「일제강점기 '지방의회 회의록'의 수집·번역·해제·DB화」 공동연구 사업의 일환으로 1937년부터 1945년까지 전시체제기 경기도와 함경도 지역의 도회(道會), 부회(府會)와 읍회(邑會) 회의록 가운데 일부분을 번역, 해제한 것이다.

　1920년대 초부터 조선총독부가 설치하여 운영해온 '지방자치' 제도는 1930년을 전후해 바뀌게 되었다. 1929년 읍·면제를 실시하여 부와 읍에서는 종래의 자문기관인 협의회를 의결기관인 부회와 읍회로 바꾸고 보통면에서는 이전과 같은 면협의회를 선거로 구성하게 하였다. 1931년 선거를 통해 새롭게 부회와 읍회, 면협의회 모두 선거를 통해 구성하되 읍회에는 의결권을 부여하고 면협의회는 자문기관의 지위를 유지했다. 한편 지방행정의 최고기관인 각 도(道)에는 1920년 광역의회로 도평의회가 구성되어 운영되었는데 이것도 1930년대에 들어 의결기관인 도회(道會)로 바뀌게 되었다. 그러나 최고 지방행정기관인 도에 대한 법 시행은 곧바로 시행하지 않고 읍, 면, 부회의 운영을 지켜보고 적당한 시기에 실시하기로 하였다. 도제(道制)는 1933년 2월 1일 공포되어 1933년 4월부터 시행되었고 도평의회는 도회로 새롭게 구성되었다.

　이러한 지방의회 제도는 1943년 추천선거 제도가 실시될 때까지 기본적으로 유지되었다. '대일본제국'은 1937년 중일전쟁을 기점으로 아

시아·태평양전쟁에 돌입했는데 그에 따라 일본은 물론 '식민지 조선'
도 전시체제기로 전환되었다. 일본에서는 1940년 총력전체제 아래에
서 전체주의적인 체제를 지향하는 신체제운동의 결과 기존 정당은 해
체되고 대정익찬회(大政翼贊會)가 발족되었으며, 대정익찬회가 주도
하는 이른바 '익찬선거'가 실시되었다. 1943년에 들어 본격적으로 실시
된 조선의 추천선거 제도는 '익찬선거'에 호응하는 것이었다.

본서는 전시체제기의 도회와 부회, 읍회, 면협의회의 회의록을 대상
으로 하고 있다. 국가기록원에는 1945년까지의 지방의회 회의록이 소
장되어 있는데 본서에서는 그 가운데 1937년부터 1942년 사이의 경기
도와 함경도 소재 지방의회의 회의록 일부를 선정해 해제하고 그 내
용을 번역하였다.

도회는 경기도회와 함경남도회, 함경북도 회의록의 일부를 정리해
실었다. 도회 회의록은 원래 분량이 상당할 것으로 보이나 국가기록
원에 소장된 자료 가운데에는 도회에 관한 기록이 대체로 발췌본이나
초본이 실려 있어 상대적으로 내용이 소략하다. 그렇지만 각 도의 논
의 사항을 조금씩이라도 보여주기 위해 일부 회의록을 선택해 수록했
다. 부회 중에서는 경성부, 인천부, 함흥부, 원산부, 청진부, 나진부회
의 회의록의 일부를 정리하였고 읍회 중에서는 수원읍, 안성읍 회의
록의 일부를 정리해 수록했다. 이밖에 개성부와 소사읍, 흥남읍, 나남
읍, 성진읍, 단천읍, 신포읍, 고원면, 영흥면 등 경기도와 함경도 다른
지역의 회의록도 남아있으나 이번 자료집에는 수록하지 못했다.

본서의 대상이 된 국가기록원 소장 지방의회 회의록은 지역 행정에
관한 보고서류의 첨부자료로 수록된 것이 많고 그 형태도 일률적이지
않다. 속기록을 바탕으로 회의 내용을 그대로 전하는 회의록 가운데
는 1회에 수십 쪽 이상에 달하는 방대한 분량의 회의록이 있는 반면

에 회의 일부 내용만을 극히 간략하게 기록한 발췌본이나 특정 의안에 대한 논의 사항만을 기록한 것도 있다. 그리고 문서별로 필요에 따라 각기 회의록을 첨부했기 때문에 날짜별 회의록의 순서가 바뀌거나 중복 수록된 회의록도 많다.

본서에서는 도회와 부회, 읍·면회로 대별하고 지역별로 나누어 날짜순으로 회의록을 배치하여 회의록의 서지정보와 자료적 성격을 중심으로 해제하고 회의록 내용을 번역하였다. 회의록의 분량이 적을 경우는 완역하였으나 회의록 전문을 그대로 번역하기에는 분량이 방대할 경우에는 편의적으로 발췌하거나 생략하였다.

최근 일제강점기 지역정치와 관련해 도회, 부회, 읍회, 면협의회 등 지방의회와 관련된 연구가 많이 진전되고 있으나 주로 신문기사 등을 이용한 연구가 많고 실제 회의록을 활용한 연구는 미진하다. 국가기록원에 소장된 방대한 지방행정 자료 가운데 지방의회 회의록의 정리가 이루어지지 않았기 때문으로 보인다. 지방의회 회의록에서는 총독부의 지배정책은 물론 지역정치, 도시사, 사회사, 경제사 등과 관련되는 내용을 많이 다루고 있다. 이 번역·해제집의 출간이 일제강점기 지역사 연구를 심화시키는 하나의 계기가 되기를 기대한다.

▌목차▐

발간사 / 5
머리말 / 11

Ⅰ. 도회 회의록

1. 경기도회 회의록 ··· 21
　　1) 1938년 3월 8일 제7회 경기도회 회의록 초본　　　21

2. 함경남도회 회의록 ··· 30
　　1) 1937년 3월 11일 제7회 함경남도회 회의록 발췌　　　30

3. 함경북도회 회의록 ··· 40
　　1) 1941년 3월 1일 제12회 함경북도 도회 회의록 초본　　　40
　　2) 1941년 3월 4일 제12회 함경북도 도회 회의록(제4일) 초본　　47
　　3) 1941년 3월 5일 제12회 함경북도 도회 회의록(제5일) 초본　　62

Ⅱ. 부회 회의록

1. 경성부회 회의록 ·· 67

    1) 1938년 2월 27일 경성부회 회의록   67

    2) 1938년 3월 29일 경성부회 회의록(발췌)   75

    3) 1939년 3월 23일 경성부회 회의적록   84

2. 인천부회 회의록 ·· 87

    1) 1934년 3월 24일 인천부회 회의록   87

    2) 1938년 3월 18일 인천부회 회의록   97

3. 함흥부회 회의록 ·· 111

    1) 1937년 3월 23~26일 제29회 함흥부회 회의록   111

4. 원산부회 회의록 ·· 116

    1) 1937년 3월 22일 제43회 원산부회 회의록(제1일)   116

5. 청진부회 회의록 ·· 128

    1) 1940년 2월 28일 청진부회 회의록(발췌)   128

    2) 1940년 2월 29일 청진부회 회의록(발췌)   137

6. 나진부회 회의록 ·· 142

    1) 1941년 9월 2일 제28회 나진부회 회의록   142

    2) 1942년 8월 24일 제35회 나진부회 회의록   159

Ⅲ. 읍면회 회의록

1. 수원읍회 회의록 ··· 169

   1) 1941년 3월 29일 수원읍회 회의록   169

2. 안성읍회 회의록 ··· 193

   1) 1938년 3월 24일 안성군 안성읍회 회의록   193

   2) 1938년 3월 25일 안성군 안성읍회 회의록   208

I

도회 회의록

1. 경기도회 회의록

1) 1938년 3월 8일 제7회 경기도회 회의록 초본

항 목	내 용
문 서 제 목	第7回 京畿道會會議錄 抄本
회 의 일	19380308
의 장	甘蔗義邦(도지사)
출 석 의 원	
결 석 의 원	
참 여 직 원	
회 의 書 記	
회 의 서 명 자 (검 수 자)	
의 안	제2호의안 금산도로개수비의 계속연기 및 지출방법, 제3호의안 강화도 索道건설비 계속연기 및 지출방법, 제4호의안 공업학교건설비의 계속연기 및 지출방법, 제5호의안 중소하천개수비의 계속연기 및 지출방법의 변경, 제6호의안 1,2등도로포장비의 기채, 제7호의안 신설정거장도로수축비의 기채, 제8호의안 하천재해복구비의 기채, 제9호의안 자작농지 설정유지비자금의 기채, 제10호의안 치산사업비 및 민영사방조성비의 기채, 제11호의안 공업학교의 기채, 제12호의안 공공단체에 전대하는 자금의 기채, 제13호의안 중소하천개수비 기채조건의 변경, 제14호의안 직물의 생산 또는 반출검사의 시행에 따른 수수료 징수규칙의 제정, 제15호의안 도세부과규칙의 개정안, 제16호의안 도공립학교의 수업료 및 시험수수료의 징수규칙 개정, 제17호의안 간이보험자금의 전대자금 및 이재구조기금을 특별회계로 경리, 제18호의안 은급특별회계의 예산, 제19호의안 아동장학기금 특별회계의 예산, 제20호의안 간이보험자금의 특별회계예산안을 정하는 건, 제21호의안 이재구조기금 특별회계의 예산을 정하는 건, 제22호의안 이재구조기금의 설치 및 관리규정의 제정, 제23호의안 고양군 학교비에 대해 10개년간 보조금을 지급하는 건, 제27호의안 1937년도 예산의 경정, 제28호의안 제2차 초등교육확장계획에 따른 학교비의 부담에 속

	하는 임시비에 대해 도비에서 보조하는 건, 제29호의안 치산사업 및 민영사방조선사업비 기채조건 변경의 건, 제30호의안 1937년도 공채발행 불능의 경우 정기상환 방법에 의해 차입하는 건, 제31호의안 도회의 권한위임에 관한 건
문서번호(ID)	CJA0003254
철 명	도기채계속비의무부담권리포기소방비에 관한 철
건 명	제7회경기도회회의록
면 수	7
회의록시작페이지	627
회의록끝페이지	633
설 명 문	국가기록원 소장 '도기채계속비의무부담권리포기소방비에 관한 철', '제7회경기도호회의록'에 포함된 1938년 3월 8일 제7회 경기도회 회의록 초본

해 제

본 회의록(총 7면)은 국가기록원 소장 '도기채계속비의무부담권리포기소방비에 관한 철', '제7회경기도호회의록'에 실려 있는 1938년 3월 8일 제7회 경기도회 회의록이다.

1938년 2월 27일부터 3월 9일까지 열린 경기도회는 31개 의안을 모두 만장일치로 무수정 가결하였다. 첫날에는 제1호의안인 1938년도 세입출예산 중 토목비에 관한 제1독회에서 질의가 시작되었고, 계속 심의를 거듭해 3월 8일에는 31개 의안을 일괄 가결 처리하였다. 최종일인 9일에는 전날에 이어 오전 10시부터 개회하여 간담회에 들어가 각 의원으로부터 다음과 같은 7개항에 걸친 건의안을 제출하고 이것을 위원회에 부탁심의한 뒤 1939년도 예산에 채택할 것을 결정하였다.

건의안 1. 도립입업시험장 설치의 건, 2. 연천 도립의원 설치의 건, 3. 도(道)에 학무부를 설치하는 건, 4. 경성 남부에 농업학교를 설치하

는 건, 5. 본도(本道) 서북부 지방에 자제를 위한 중등학교 설치의 건,
7. 본도에 중등 정도의 수산학교를 설치하는 건.[1]

이 회의록은 초본이므로 회의 참석자 이름이 생략되어 있다. 참고
로 1939년 3월 6일 경기도회 의원은 다음과 같다. 金根鎬(1), 明輅錫
(2), 林漢瑄(3), 金敏植(4), 沈英燮(5), 李寅求(6), 堀正一(7), 德弘國太郎
(8), 馬場蔀(9), 宋錫?(10), 金貞培(11), 韓光鎬(12), 鄭永軫(13), 岡本豊喜
(14), 村田孚(15), 田川常治郎(16), 吉田秀次郎(17), 文承卓(18), 波多江
千代藏(19), 韓相龍(20), 宋星鎭(21), 朴鳳鎭(22), 賀田直治(23), 曺秉相
(24), 尹元赫(25), 朴箕煥(26), 李敏烜(27), 谷多喜磨(28), 金思演(29), 金
允福(30), 金炳哲(31), 金泰濬(32), 申貞均(33), 崔在燁(34), 李應鎬(35),
石原磯次郎(36), 洪必求(37), 中村郁一(38), 元悳常(39), 睦瑱相(40), 宋
在鵬(41), 金顯祚(42).

이 회의록은 국가기록원 소장 CJA0003254 636-642쪽, 817-823쪽, 989-
995쪽, CJA0003293 71-77쪽, CJA0003318 33-39쪽, 473-479쪽, CJA0003322
491-497쪽, 534-540쪽, 613-619쪽, CJA0003324 316-322쪽CJA0003324, CJA0003325
51-57쪽, 556-562쪽, CJA0003326 280-286쪽에 중복 수록되어 있다.

내 용

제안 의안
제2호의안 금산도로개수비의 계속연기 및 지출방법
제3호의안 강화도 索道건설비 계속연기 및 지출방법
제4호의안 공업학교건설비의 계속연기 및 지출방법

[1] 「京畿道會終る」, 『朝鮮新聞』 1938.3.10, 4면.

제5호의안 중소하천개수비의 계속연기 및 지출방법의 변경

제6호의안 1,2등도로포장비의 기채

제7호의안 신설정거장도로수축비의 기채

제8호의안 하천재해복구비의 기채

제9호의안 자작농지 설정유지비자금의 기채

제10호의안 치산사업비 및 민영사방조성비의 기채

제11호의안 공업학교의 기채

제12호의안 공공단체에 전대하는 자금의 기채

제13호의안 중소하천개수비 기채조건의 변경

제14호의안 직물의 생산 또는 반출검사의 시행에 따른 수수료징수
　　　　　　규칙의 제정

제15호의안 도세부과규칙의 개정안

제16호의안 도공립학교의 수업료 및 시험수수료의 징수규칙 개정

제17호의안 간이보험자금의 전대자금 및 이재구조기금을 특별회계
　　　　　　로 경리

제18호의안 은급특별회계의 예산

제19호의안 아동장학기금 특별회계의 예산

제20호의안 간이보험자금의 특별회계예산안을 정하는 건

제21호의안 이재구조기금 특별회계의 예산을 정하는 건

제22호의안 이재구조기금의 설치 및 관리규정의 제정

제23호의안 고양군 학교비에 대해 10개년간 보조금을 지급하는 건

제27호의안 1937년도 예산의 경정

제28호의안 제2차 초등교육확장계획에 따른 학교비의 부담에 속하
　　　　　　는 임시비에 대해 도비에서 보조하는 건

제29호의안 치산사업 및 민영사방조선사업비 기채조건 변경의 건

　　제30호의안 1937년도 공채발행 불능의 경우 정기상환 방법에 의해
　　　　　차입하는 건
　　제31호의안 도회의 권한위임에 관한 건

의장 : 정족수에 달했으므로 지금부터 개회합니다.(오전 10시 15분)
　　오늘은 전날에 이어서 제1호의안의 2독회를 개최합니다. 이것이 끝
　　나면 제3독회로 옮겨 계속해서 제2호의안 이하 안건을 상정합니다.
(중략·원문)
(오후 3시 12분 재개)
의장 : 지금부터 속회합니다. 제2호의안부터 제31호의안까지는 거의
　　제1호의안의 내용이므로 숫자는 매우 많지만 일괄하여 상정하려고
　　합니다.
　　제2호의안부터 제23호의안 및 제27호의안부터 제31호의안에 이르는
　　것을 일괄해 지금부터 제1독회를 개최합니다. 번외로부터 간단히
　　설명을 듣겠습니다.
번외(지방과장) : 제2호의안은 금산도로개수비의 계속연기 및 지출방
　　법에 관한 것입니다. 제3호의안은 강화도 索道건설비 계속연기 및
　　지출방법에 관한 것입니다. 제4호의안은 공업학교건설비의 계속연
　　기 및 지출방법에 관한 건입니다. 제5호의안은 중소하천개수비의
　　계속연기 및 지출방법의 변경에 관한 것입니다. 이것은 제1호의안
　　의 제1독회에서 토목과장의 설명이 있었던 것 같이 1937년도 및
　　1938년도 기정액의 3할을 1942년도로 이월하려는 것입니다.
　　제6호의안은 1,2등도로포장비의 기채입니다. 제7호의안은 신설정거
　　장도로수축비의 기채입니다. 제8호의안 하천재해복구비의 기채입
　　니다만 이것은 1936년의 재해복구공사에 관한 것으로 국고로부터

7할의 기채상환보조가 있었기 때문에 그 보조액 2만 3백 원을 기채하려는 것입니다. 제9호의안은 자작농지 설정유지비자금의 기채입니다.

제10호의안은 치산사업비 및 민영사방조성비의 기채입니다. 제11호의안은 공업학교의 기채입니다. 제12호의안은 공공단체에 轉貸하는 자금의 기채입니다. 그 내용은 여기에 열거한 5건입니다. 제13호의안은 중소하천개수비 기채조건의 변경입니다. 이것도 1937년 및 1938년도에 시행할 예정이었던 개수공사의 일부를 1942년도로 이월함과 아울러 1937년도에 공채 발행이었던 것이 지금조정의 관계상 차입 불능의 경우를 예상해 기채방법의 변경을 하려는 것입니다. 제14호의안은 직물의 생산 또는 반출검사의 시행에 따른 수수료징수규칙을 제정하려는 것입니다.

제15호의안은 道稅부과규칙의 개정안입니다만 이것은 이재구조기금의 설정에 따라 지세부가세, 영업세부가세, 호별세, 가옥세의 4세의 증설 및 제1종 소득세부가세의 과율개정 및 가옥세의 부과방법에 관해 종래 間數에 의해 하였던 것 가운데 군청소재지인 면은 부읍과 마찬가지로 이것을 坪數에 의하는 것으로 고치고 또 부동산취득세의 내용에 어업권 및 광업권을 추가하며 또 자동차세에 관해서는 자동차의 과율 개정을 행하고 도축세는 축우 증식의 필요를 감안해 과율을 20% 정도 인상하려는 것입니다.

제16호의안은 도공립학교의 수업료 및 시험수수료의 징수규칙 개정입니다. 이것도 제1호의안에서 이미 설명한대로입니다. 제17호의안은 간이보험자금의 전대자금 및 이재구조기금을 특별회계로 경리하려는 안건입니다.

제18호의안은 은급특별회계의 예산입니다. 이것은 매우 간단한 것입니다. 제19호의안도 마찬가지로 간단한 것으로 아동장학기금 특별회계의 예산입니다. 제20호의안은 간이보험자금의 특별회계예산안 정하는 것입니다.

제21호의안은 이재구조기금 특별회계의 예산을 정하려는 것입니다. 제22호의안은 이재구조기금의 설치 및 관리규정을 제정하려는 것으로 현재 道의 공공 임의사항으로 처리하려는 것입니다만 가까운 장래에 이재구조기금에 관한 제령 및 부령이 발포될 예정이므로 그것이 발포될 경우에는 이 규정에 의한 기금은 당해 법령에 의해 설치되는 것으로 간주하여 처리하려고 생각합니다.

제23호의안은 고양군 학교비에 대해 10개년간 보조금을 지급하려는 것으로 이것은 고양군의 학교비에서 道 건의 채소장려방침을 바탕으로 채소 實修학교를 설립하였습니다만 실습지 매수에 다액의 비용이 필요하여 약 3만 4천 원 이내의 기채를 할 예정입니다. 따라서 이에 대해 동에서 10개년 동안 매년 대략 3,885원을 보조하려는 것입니다. 제27호의안은 1937년도 예산의 경정입니다. 이것은 금년도 중소하천 개수비 예산의 일부분을 1942년도로 이월하는 것과 관련해 금년도예산을 경정하려는 것입니다. 제28호의안은 제2차 초등교육확장계획에 따른 학교비의 부담에 속하는 임시비에 대해 도비에서 보조를 해주려는 것입니다. 이 내용은 여기에서 제시한 숫자대로 입니다만 간단히 설명을 하면 이 학교비의 임시비 보조에 대해서는 대체로 1학급당 보조액을 960원으로 보고 이를 표준으로 삼아 그 반액, 즉 480원은 평등할로 하고 나머지 반액에 관해서는 지방의 부담력을 감안해 결정했습니다. 즉, 各郡의 학급 증가를 행하는 면에서 조선인 호별세의 과세표준인 소득총액과 그 학급 증가를 위해 면에서 소요되는 임시비 총액의 비율에 따라 안배하여 결정한 것입

니다. 따라서 여기에 제시한 것과 같이 각군마다 한 학급당 보조액
은 다릅니다.

제29호의안은 치산사업 및 민영사방조선사업비 기채조건 변경의 건
입니다. 제30호의안과 함께 지난번 말씀드린 중소하천 개수비의 기
채조건 변경과 마찬가지고 1937년도 공채발행 불능의 경우에는 공
채발행에 이르기까지는 정기상환 방법에 의해 차입한다는 안건입
니다. 제31호의안은 도회의 권한위임에 관한 것입니다만 지금 말씀
드린 금년도 공채발행 불능의 경우에 정기상환에 의한 차입을 할
지도 모르고 내년도가 되어 금년도 예정한 공채의 발행을 할 경우
에 그 공채발행에 따른 1938년도의 예산 경정은 도지사에게 위임을
부탁하려는 안건입니다.

3번(林漢瑄) : 제2호의안부터 제23호의안 및 제27호의안부터 제31호의
안까지는 제1호의안과 관련하여 예산의 집행방법 및 기채 문제에서
이에 대한 일반질문은 이미 다한 것으로 생각합니다. 따라서 독회
를 생략하고 원안대로 확정하는 동의를 하는 바입니다.

('찬성'이라고 말하는 자 있음. 25번 尹元赫 君 발언을 요청함)

29번(김사연) : 잠시 3번 의원과 상담하겠습니다. 대체로 3번 의원의
동의에 찬성합니다만 내일도 우리에게 주어진 일정이 있으므로 31호
의안만 분리하여 내일 간담회에 앞서 31호의안만을 심의하는 것이
道會의 체제상 좋을 것으로 생각합니다. 그러므로 그것을 분리해
30호의안까지를 결정하는 것은 어떠한지 상담을 드리는 바입니다.

의장 : 사실은 24호, 25호, 26호의 의안이 남아있기 때문에 그것을 내
일 제안하려고 하고 그것을 제외한 것이 지금 설명해드린 것입니다.
지금 3번 의원으로부터 동의가 있고 찬성이 있는 것 같은데 25번
의원은 어떻습니까.

25번(尹元赫) : 나는 한 가지 질문이 있습니다. 예산외 의무부담의 표2에 따르면 한 학급당 보조액은 960원을 표준으로 하여 보조총액의 반액을 평등할로 하고 나머지 반액은 소요임시비에 대한 郡, 조선인소득액의 부담 비율에 따라 안배하여 그 합계액을 가지고 산정한다는 식으로 되어 있는데 그 산출 내용을 듣고 싶습니다. 즉, 부담비율의 산출이 호별할의 부담 비율을 산출하는 방업에 따라 누진률을 사용했는가, 아니면 單律로 안배했는가라는 것을 알고 싶습니다.

번외(지방과장) : 질문하신 취지가 분명하지 않은데 학급이 증가하는 면에서 조선인이 현재 납부하고 있는 호별세의 과세표준에 의해 소득총액을 산정하고 있습니다. 즉, 호별세에서 이미 충분히 누진률이 적용되고 있는 것입니다.

의장 : 지금 3번 의원으로부터 동의가 있었고 찬성이 있었습니다만 여러분 이의 없습니까.

('이의 없다'고 말하는 자 있음)

의장 : 지금 3번 의원의 동의는 제2호의안부터 제23호의안 및 제27호의안부터 제31호의안은 독회를 생략하고 가결 확정하고 싶다는 동의인데 이의 없습니까.

('이의 없다'고 말하는 자 있음)

의장 : 그러면 이의가 없는 것으로 인정하여 만장일치로 원안대로 가결 확정합니다.

(이하 생략·원문)

2. 함경남도회 회의록

1) 1937년 3월 11일 제7회 함경남도회 회의록 발췌

항 목	내 용
문 서 제 목	第7回 咸鏡南道會 會議錄 拔萃
회 의 일	19370311
의 장	
출 석 의 원	
결 석 의 원	
참 여 직 원	
회 의 書 記	
회 의 서 명 자 (검 수 자)	
의 안	제2호~제25호 의안 및 의장 제출의 안건 1건
문 서 번 호 (I D)	CJA0003254
철 명	도기채계속비의무부담권리포기소방비에 관한 철
건 명	제7회함경남도회회의록
면 수	11
회의록시작페이지	762
회의록끝페이지	772
설 명 문	국가기록원 소장 '도기채계속비 의무부담권리포기소방비에 관한 철', '제7회함경남도회회의록'에 포함된 1937년 3월 11일 제7회 함경남도회 회의록 발췌

> ### 해 제

본 회의록(총 11면)은 국가기록원 소장 '도기채계속비 의무부담권리 포기소방비에 관한 철', '제7회 함경남도회회의록'에 수록되어 있는 1937년 3월 11일에 열린 제7회 함경남도회 회의록 발췌이다.

이 함경남도회는 3월 6일부터 함경남도청 회의실에서 개최되었다.
이 회의록은 발췌본으로 출석의원, 결석의원, 참여직원 명단이 실려
있지 않다.

내 용

3월 11일(제7일째) 오후 2시 37분

의장(도지사) : 만장일치로 찬성한 제1호의안은 가결 확정했습니다.
제2호의안 이하 제25의안 및 의장이 제출한 안건을 일관해 상정합
니다. 단, 제25호의 안건은 도제 제26호의 규정에 따라 처분한 사항
의 보고입니다. 낭독은 편의상 생략하고 참여원으로부터 설명을 듣
겠습니다.

번외(내무부장) : 제2호의안 이하 각 안건에 관해 일괄해 제가 일단 간
단히 설명드립니다.

제2호 의안 함경남도 아동장학대금 특별회계 세입출 예산은 황송하
게도 1924년 황태자 전하가 결혼식을 행하실 때 하사하신 아동장학
금으로써 연차 이 자금의 증가를 꾀함과 아울러 일부 아동의 장학
비에 충당하기 위해 정한 것입니다.

제3호의안은 지방 대우직원 및 그 유족에게 지급할 은급, 여기에 道
吏員 및 그 유족에게 지급할 퇴은료, 퇴직급여금, 사망급여금 및 유
조부조료를 은급기금으로부터 발생하는 수입 직원 및 이원의 납부
금 및 일반회계의 보충금 등 기타 수입으로 지출에 충당함과 아울
러 은급기금의 축적을 하려는 것입니다.

이어서 제4호의안은 제13호의안과 관련이 있는데 조선간이생명보
험 적립금의 예입에 의한 예금부자금 전대자금의 세입출은 종래 일

반회계에 계상되어 있었던 것입니다만 본부의 지시에 의해 1938년
도부터 특별회계로 하는 것으로 된 것입니다. 본 예산은 모두 공공
단체에 대한 道의 대부금으로써 1938년도의 총예산액은 5만 7,629원
입니다.

이어서 제5호의안은 제14호 및 제15호의안과 관련이 있기 때문에
일괄해 설명드립니다.

본건은 의안에도 설명해 두었습니다만 1938년도 본부 예산이 성립
한 다음 조선이재구조기금령(제령), 동령 시행규칙(부령)이 공포되
어 道에 비상재해를 당한 사람을 구조하는데 필요한 비용을 지출하
기 위해 이재구조기금을 축적해야 하며 법령을 통해 의무를 져야
하는 것으로 되어 있습니다. 이들 관계 법령의 공포가 이루어질 경
우 道制 제12조의 규정에 따라 도회의 의결에 붙여야 할 사항도 있
기 때문에 본부의 지시를 바탕으로 일단 도의 임의 공공사무로써
기금을 설치하는 것으로 하여 심의를 부탁드린 것입니다.

또한 이제구조기금을 설치하는 요령에 관해 말씀드리면

(1) 기금축적의 本道 상당액은 75만 원이며 이 표준은 과거 10개년
간에 도에서 지출한 구조비 인구 등을 참작해 본부에서 결정한
것입니다.

(2) 이어서 기금 축적방법입니다만 1938년도부터 약 10개년을 통해
축적하는 것으로 하고 그 완성에 이르기까지 그 재원으로서 매
년 도세의 增徵 약 6만 원과 국고보조 1만 5천 원을 충당하는
것으로 되어 있습니다.

그밖에 지정기부금 歲計잉여금 등도 축적하는 것으로 되어 있
습니다. 또 이 도세의 증징안에 관해서는 도세부과규칙의 개정
안이 상정되어 있기 때문에 그것에 의해 양해해주시기를 바람

니다.

(3) 이어서 이재구조지출 재원 및 경리방법입니다만 특별회계를 설정해 경리하는 것으로 하고 이제구조비는 본 기금 이자 및 임시 은사금 이자수입금으로 지출하는 것입니다. 따라서 종래 일반회계에서 사회사업비 가운데 凶款구제비로 계상되어 있는 예산은 금년도부터 삭제하고 본 기금 특별회계로 이월한 바입니다. 또한 기타 지출방법에 관해서는 제14호의안의 내용에 관해 양해해 주시기 바랍니다.

이어서 제6호의안은 중소하천 개수공사비 계속비의 연기 및 지출방법의 변경으로 예산 설명 시에 말씀드린대로 1937년과 1938년 양년도의 工費에 대해 모두 30% 정도 이연할 수밖에 없었던 결과입니다.

제7호의안은 작년 協贊을 받았던 1937년도 기채 조건의 변경입니다만 내용은 자금조정 기타 관계상 기채예정액이 일부 변경된 것과 또는 1937년도 중에 공채를 발행하게 될 지도 모르므로 이러한 경우를 예산해 제안한 바입니다.

이어서 제8호의안 이하 12호의안까지는 각 사업 실시에 동반한 기채의 건입니다. 일반회계예산 설명 시에 말씀드린 것에 의해 양해하시기 바랍니다.

이어서 제16호의안 도세 부과규칙 가운데 개정의 건은 모두 본부의 지시를 바탕으로 한 것입니다. 제1호, 제2호의 개정은 제1종 소득세 부가세의 세율개정이며 증징의 일부는 부읍면의 세입 결함 보전을 위해 보조하는 것으로 되어 있습니다.

이어서 제1호 재2항의 개정은 앞서 설명드린 이재구조기금 축적에 필요한 제한률을 규정한 것입니다. 제3항의 구정은 기금 축적기간

중 기금을 지출했기 때문에 보충이 필요할 때에는 增率의 필요가 있을 경우도 예상됨에 따라 그 경우 규칙개정의 수고를 없애려고 한 것입니다.

또한 이재구조기금 축적에 필요한 금년도의 실제 증징률은 예산서의 각 세목별 부기란에 구분해 게시한대로 지세부가세는 1원에 대해 3전, 영업세부가세는 1원에 대해 13전, 호별세는 1호에 대해 평균 6전 8리, 가옥세는 1평에 대해 평균 6리 3모입니다.

제11조의 개정은 제1조의 개정에 따라 그 취급방식을 고친 것입니다.

제78조의 개정은 광업권의 취득 및 어업권의 취득에 있어 새로이 부동산취득세를 부과하기로 한 것입니다.

제80조에서 84조의 개정은 모두 제78조의 개정에 수반해 그 취급방법을 고친 것입니다.

별표 차량세의 세율개정은 자동차에 대해 적재량 및 승원수에 따라 부과하는 것으로 세분하고 모두 부담의 균형을 꾀하기 위해 개정을 추가한 것입니다.

이어서 제18호의안 및 제19호의안은 모두 규칙의 개정안입니다. 종래 이 규정은 지방비 시대에 만들어진 것인데 도제의 실행에 의해 개정해야만 하는 것이고 개정의 내용은 종래의 것과 큰 차이가 없습니다. 단, 자구의 정정과 기금의 예금처의 범위를 확대했다는 정도입니다. 무엇보다 제19호의안은 그밖에 종래 은급기금 축적의 한도를 정해두었는데 이것을 폐지하기로 한 것입니다.

제20호 및 제21호의안은 기금 및 기금재산의 관리규칙 개정입니다만 이 자금의 예입처는 종래 극도로 제한되어 있었던 것을 널리 유리하고 확실한 금융기관으로 범위를 확대하려 하고 유리하게 利殖

을 꾀하려는 것입니다.

이어서 제22호의안 이하 25호의안은 보고사안입니다. 인쇄물에 의해 양해해주시기 바라며 마지막으로 의장이 제출한 도회의 권한위임 사안이 2항목으로 되어 있는데 제1항은 1937년도에 공채발행 예정인 道債가 연도 내에 공채발행 불능의 경우에는 후년도로 이월하여 발행하는 경우를 예상한 것이므로 그 경우의 추가경정과 제2항은 1938년도에 기채하는 것으로 되어 있는 龍興江 하천부담금 납부 자금 및 도립 함흥의원 병동증축비 자금은 차입의 방법에 의하는 것으로 되어 있는데 만일 1938년도 발행할 예정인 道공채의 발행시기가 어떠한가에 따라서는 저리가 될 경우도 예상됨에 따라 이러한 경우의 조치를 도지사가 전결한다는 위임사항입니다.

8번 의원(李曦燮) : 도채에 관해 질문합니다. 도채 가운데 고리인 것이 있습니다. 예를 들면 궁미구조사업자금에서 5부 또는 자작농지설정 사업자금에서 6부의 것이 있어 상당히 고율입니다만 작년 함흥부에서도 저리로 변경했는데 이러한 것에 관해서는 4부 정도로 바꾸어 빌리는 방법은 없는 것인지 질의합니다.

번외(朝倉屬) : 舊債 가운데 고율인 것에 대해 바꾸어 빌릴 의사가 없는가 하는 질문입니다만 본건에 관해서는 이미 1936년도에 적당한 기회를 잡아 借替공채의 발행방법을 알선해야 할 것으로 本府에서도 고려했던 것인데 실현하게 되지 못했던 바입니다. 이후 적당한 기회를 보아 借替하고 싶다고 생각하고 있습니다. 그리고 자작농지 설정사업기금은 簡保자금을 차입하고 있는 것입니다만 道로부터 대부한 것은 금리의 고저에도 불구하고 모두 3부 5리로 대부하고 잔여분은 모두 국고보조금인 관계상 道 및 借受人에게는 아무런 관계가 없는 것입니다.

18번 의원(蔡容黙) : 제18호의안에 관해 질문합니다만 광업권 설정의 경우도 과세를 합니까.

번외(朝倉屬) : 설정의 경우에는 과세를 하지 않습니다. 매매, 즉 이전의 경우에만 과세를 합니다.

18번 의원(蔡容黙) : 잘 알았습니다.

4번 의원(南百祐) : 제17호의안 凍乾 명태어 검사수수료의 1상자 9전은 몇 십 마리로 계산한 것입니까. 또 홋카이도(北海道)의 것이 조선으로 침입하는데 홋카이도의 수수료는 어느 정도인가. 이어서 규칙은 언제 발표되는지 분명히 답변해 주시기 바랍니다.

번외(柳川 산업기사) : 표준으로 대체 6백 마리를 한 상자로 하고 있습니다. 이 용적을 표준으로 물품의 대소에 의해 3백 마리 내지 9백 마리의 범위 내에서 결절할 예정입니다.

이어서 규칙의 발표는 本府의 허가가 필요하기 때문에 현재로서는 불명입니다. 홋카이도는 한 상자 8전입니다. 홋카이도는 검사소가 독립해 있고 달리 재원도 있는데 본도의 9전은 과중하다고 생각하지 않습니다.

4번 의원(南百祐) : 본 규칙 설정은 홋카이도산 침입 방지라고 들었는데 검사수수료의 1전의 부담은 매매상 업자에게 약점이 있는 것으로 생각합니다. 이 점 연구를 부탁합니다. 30원을 가지고 만일 표준으로 한다면 명태어의 두께에 따라 화차에 적재하는 인부임금이 다르다. 이 점에도 이해관계가 생깁니다. 그밖에 공임 관계도 있어 다른 도와 경쟁하는 것에 관해서는 당국이 더욱 연구하기를 바랍니다.

19번 의원(渡邊利一) : 자작농지설정자금은 새로이 필요가 생긴 것입니까.

번외(朝倉屬) : 기정 계획에 의해 해마다 새로이 기채하고 있습니다.

19번 의원(渡邊利一) : 대부금의 회수는 형편이 잘 되고 있습니까.

번외(朝倉屬) : 현재로서는 좋은 성적입니다.

25번 의원(趙成儔) : 제16호의안에 관해 질문하겠습니다. 광업권의 취득은 등기 신청에 의해 등록되고 취득하는 것인데 본건은 매매행위만으로 과세되는 것입니까.

번외(朝倉屬) : 광업권 및 어업권의 취득자에 관해 과세하는 것입니다. 제80조의 규정에 따라 취득의 원인이 조선광업령 제7조 및 제21조의 규정에 의한 허가를 받은 광업권 및 조선어업령 제6조 제1항의 규정에 의한 면허를 받은 광업권의 취득에는 과세하지 않습니다. 그 외는 취득 사실에 관해 과세하려는 취지입니다.

7번 의원(李鴻基) : 제9호의안에 관해 말합니다만 자작농지설정 유지는 현재의 급무입니다. 농촌에서 자작농의 파멸은 날로 그 정도가 늘어 이를 어떻게 구제하는 가는 농촌 운영상 중대문제입니다. 안변을 예를 들면 1928년부터 1936년까지 9개년의 통계를 살펴보면 답 1,533정보, 전 5,602정보의 자작농은 파멸하고 있는 상황이며 이 비율로 가면 앞으로 자작농이 없어지기 때문에 매년 회수 가능한 것이라면 증액하여 자금을 많게 해 적극적으로 구제의 의지가 있는 지 아닌지 질문을 드립니다. 이어서 이것은 의안과는 관계가 없지만 道有재산 가운데 유가증권 36만 1,990원이 있는데 그 종류를 알려주기 바랍니다.

번외(내무부장) : 자작농설정자금은 자작농에서 소작농으로 전락하는 것을 방지하는 자금이 아니며 내지에서도 자작농에서 소작농으로 전락을 방지하기 위해 상당한 돈을 썼지만 모두 실패하였고 전락할 때는 적은 돈으로는 방지를 할 수 없는 것입니다. 실행에 다액의 돈이 필요하기 때문에 현재의 자작농설정의 목적은 본부의 방침이기

도 합니다만 篤農家이면서 소작하고 있는 자에게 자작농지를 주어
자작농의 모범으로 하려는 점에서 이 사업을 하고 있으므로 전락
방지는 아닌 것입니다. 농업경영의 모범을 보이려는 것입니다. 무
엇보다 전락방지도 필요하여 작년부터 본부의 지시도 있어 어느 정
도 이 점이 완화되어 왔는데 취지는 전술한 대로 국고보조금의 관
계상 이 정도로 매년 실시중입니다.

번외(朝倉屬) : 道有재산표 가운데 유가증권은 1925년 국고에서 양여
를 받은 도립의원유지 특별자금이며 국채증권 36만 1,900원과 권업
채권 90원입니다.

7번 의원(李鴻基) : 자작농에서 소작농으로 전락하는 자는 1932년부터
동일선 있고 증가도 감소도 하지 않아 어떻게 할 수도 없으므로 이
것을 방지할 저리 융통하는 것은 우리로서는 이룰 가능성이 없습니
다. 내지에서는 실패하여 현재로서는 도의 예산에는 드러나지 않는
것을 헤아려 주시기 바랍니다.

20번 의원(徐炳河) : 龍興江의 하천부담금은 지류인 德池江이 들어 있
습니까. 또한 자작농설정에 관해 참고로 말씀드리면 영흥 평야에서
어느 광업가가 백만 평의 토지를 매입해 자작농을 설정한다고 하는
데 현지 주민은 상당히 희망을 갖고 있었는데 올해 수확기에는 사
실 소작인은 이익이 없다는 것으로 거의 皆無라는 설도 있습니다.
당초 신문에서 소작 7할, 지주 3할의 이익이라는 보도가 있었는데
소작인은 종자, 비료, 세금 등 모두 소작인의 부담이어서 결국 5부
5부라는 것입니다. 또 農民道場을 설치하겠다고 해서 산 토지는 현
지의 시가에 비해 싼 가격에 제공했다고 하는데 당국이 들은 것은
없습니까.

번외(朝倉屬) : 용흥강 부담금은 덕지강, 箭灘江 모두 들어가 있고 蒙

利구역은 9개 면에 걸쳐 대체로 공사가 완료된 해로부터 부담 명령을 하려고 생각하고 있습니다.

번외(내무부장) : 소문만이고 구체화되면 상당히 연구하겠습니다.

12번 의원(尹範五) : 마지막으로 부탁이 있습니다. 본회의 의안은 그 날짜를 보면 도는 일주일 전에 발송하였는데 시골 의원에게는 도착이 늦어져 3일간 정도밖에 볼 틈이 없습니다. 올해는 어쩔 수 없지만 내년부터는 일찍 배부해주기 바랍니다.

8번 의원(李曦燮) : 제2호의안부터 제25호의안에 관해서는 제1호의안과도 관련되어 있고 심의고 다하였으므로 독회를 생략하고 가결 확정의로 하는 것은 어떠합니까.

('찬성'이라고 외치는 자가 다수 있음)

의장(도지사) : 독회를 생략하고 바로 확정의로 하는 것이 좋겠다는 동의가 있었습니다. 이의가 없는 것으로 인정하고 그렇게 결정합니다. 원안에 찬성하는 분은 기립하기 바랍니다.

(전원 기립)

의장(도지사) : 만장일치로 가결 확정했습니다. 여기서 10분간 휴계합니다.(오후 3시 37분)

3. 함경북도회 회의록

1) 1941년 3월 1일 제12회 함경북도 도회 회의록 초본

항 목	내 용
문 서 제 목	第12回 咸鏡北道道會會議錄 抄本
회 의 일	19410301
의 장	大野謙一(도지사)
출 석 의 원	吳島常平(1), 全川治鎬(2), 德山高一(4), 中山富雄(5), 金山韶能(6), 金谷炳羲(7), 大見悅之助(8), 四元嘉平次(9), 三上新(10), 金山政一(11), 尾崎逸平(12), 金山益遠(13), 柳瀨馨(14), 光永喜七(15), 伊村承鉉(16), 柳川忠廣(18), 茂元溫隆(19)
결 석 의 원	夏目十郎兵衛(3), 大川榮造(17), 岩城鍾壹(20), 李昌仁(21)
참 여 직 원	大野謙一(도지사), 松村基枋(내무부장), 水野薰(산업부장), 森浩(경찰부장), 佐佐木正通(서무과장), 河野年夫(지방과장 겸 국민총력과장), 武廣武雄(사회과장), 岡本寬(학무과장), 後藤佐吉(토목과장), 立石正義(이재과장), 川和田秋彦(회계과장), 塚本次郎(상공과장), 上廻儀一(농정과장), 坪內俊三(토지개량과장), 大谷一彌(축산과장), 鈴木一郎(산림과장), 沼田礎助(수산과장), 曾田忠(경무과장), 木村只一(보안과장), 久竹春重(경제경찰과장), 末久秀一(총독부기사 겸 도기사), 浦邊淸磨(토목기사), 古賀一得(토목기사), 神森理吉(토목주사), 駕屋寅雄(산업기사), 八木彌一(산업기사), 淺井弦夫(산업기사), 浦上英良(위생기사), 內山忠勝(도속)
회 의 書 記	內山忠勝(도속), 三枝榮吉(도속), 粟澤徹雄(도속), 永田樟男(도속), 木村正治(도속), 三名木泰治(지방서기)
회 의 서 명 자 (검 수 자)	
의 안	제1호의안 1941년도 함경북도 세입출예산을 정하는 건, 제2호의안 1941년도 황태자전하 성혼기념 함경북도 아동장학기금 특별회계 세입출예산을 정하는 건, 제3호의안 1941년도 함경북도 이재구조기금 특별회계 세입출예산을 정하는 건, 제4호의안 1941년도 함경북도 조선간이생명보험적립금 전대금 특별회계 세입출예산을 정하는 건, 제5호의안 1941년도 함경북도

계속비 청진 및 나남 시가지계획 토지구획정리비 특별회계 세
입출예산을 정하는 건, 제6호의안 함경북도 도세부과규칙 개
정의 건, 제7호의안 공립중등학교수업료 신설의 건, 제8호의안
입학시험료 신설의 건, 제9호의안 명태어란검사수수료 신설의
건, 제10호의안 재정조정적립금 설치관리 및 처분에 관한 건,
제11호의안 청진공립중학교 신영비 충당을 위한 도채 기채의
건, 제12호의안 鏡城공립직업학교 증축비 충당을 위한 도채
기채의 건, 제13호의안 金山도로 개수비 충당을 위한 도채 기
채의 건, 제14호의안 광산도로 개수비 충당을 위한 도채 기채
의 건, 제15호의안 지방도개수비 충당을 위한 도채 기채의 건,
제16호의안 1941년도 자작농지설정유지자금 충당을 위한 도채
기채의 건, 제17호의안 1941년도 치산사업비(사방사업비, 민영
사방조성사업) 충당을 도채 기채의 건, 제18호의안 鐘城郡
남산면 공설시장건설비자금 轉貸를 위한 도채 기채의 건, 제
19호의안 茂山郡 학교비 소학교사신축비자금 전대를 위한 도
채 기채의 건, 제20호의안 1등도로 나남청진선 개량비 계속비
변경의 건, 제21호의안 1등도로 나남청진선 개량비 계속비자
금 도채 변경의 건, 제22호의안 중소하천개수비 계속비 변경
의 건, 제23호의안 중소하천개수비 계속비자금 도채 변경의 건,
제24호의안 雄尙어항수축공사비 계속비 변경의 건, 제25호의
안 웅상어항수축공사비 계속비 및 기채거치이자충당 도채 변
경의 건, 제26호의안 농포공업용지조성비 계속비 변경의 건,
제27호의안 관청용지 및 택지조성비 계속비 변경의 건, 제28호
의안 관청용지 및 택지조성비 계속비 및 동 기채거치이자 충
당 도채 변경의 건, 제29호의안 함경북도 청진 및 나남시가지
계획 토지구획정리비 특별회계 계속비 변경의 건, 제30호의안
1940년도 함경북도 세입출 추가경정예산을 정하는 건, 제31호
의안 1940년도 함경북도 청진 및 나남시가지계획 토지구획정
리비 특별회계 세입출 추가경정예산을 정하는 건, 제32호의안
1939년도 함경북도 세입출 결산보고의 건, 제33호의안 1939년
도 황태자전하 성혼기념 함경북도 아동장학기금 특별회계 세
입출 결산보고의 건, 제34호의안 1939년도 함경북도 이재구조
기금 특별회계 세입출 결산보고의 건, 제35호의안 1939년도 함
경북도 조선간이생명보험적립금 전대금 특별회계 세입출 결
산보고의 건, 제36호의안 1939년도 함경북도 계속비 청진 및
나남 시가지계획 토지구획정리비 특별회계 세입출 결산보고
의 건, 제1호보고 도청사 증축비자금 도채 변경 전결처분의

	건, 제2호보고 1940년도 지방도 및 지방하천 재해복구비자금 도채 변경 전결처분의 건, 제3호보고 구채(제1차 궁민구제사업비)이월 상환자금 도채 전결처분의 건, 제4호보고 함경북도 도세부과규칙 개정 전결처분의 건, 제5호보고 함경북도 도세부과규칙 개정 전결처분의 건, 제6호보고 함경북도 이원퇴은료, 퇴직급여금, 사망급여금, 유족부조료규칙 개정 전결처분의 건, 제7호보고 1940년도 함경북도 세입출 추가경정예산 전결처분의 건, 제8호보고 1940년도 함경북도 세입출 추가경정예산 전결처분의 건
문서번호(ID)	CJA0003572
철 명	도기채계속비소방비의무부담부역 부과에 관한 철
건 명	소화16년도 금산도로개수비 기채의 건(함경북도)(회의록도면 첨부)
면 수	8
회의록시작페이지	391
회의록끝페이지	398
설 명 문	국가기록원 소장 '도기채계속비소방비의무부담부역 부과에 관한 철', '소화16년도 금산도로개수비 기채의 건(함경북도)(회의록도면첨부)'에 수록되어 있는 1941년 3월 1일 제12회 함경북도도회 회의록 초본

해 제

본 회의록(총 8면)은 국가기록원 소장 '도기채계속비소방비의무부담부역 부과에 관한 철', '소화16년도 금산도로개수비 기채의 건(함경북도)(회의록도면첨부)'에 수록되어 있는 1941년 3월 1일 개최된 제12회 함경북도도회 회의록 초본이다.

이 회의록은 CJA0000374 86-121, 163-198, 249-284쪽, CJA0003575 975-1010쪽, CJA0003577 54-89쪽에 중복 수록되어 있다.

내 용

의안 :

제1호의안 1941년도 함경북도 세입출예산을 정하는 건

제2호의안 1941년도 황태자전하 성혼기념 함경북도 아동장학기금
특별회계 세입출예산을 정하는 건

제3호의안 1941년도 함경북도 이재구조기금 특별회계 세입출예산
을 정하는 건

제4호의안 1941년도 함경북도 조선간이생명보험적립금 전대금 특
별회계 세입출예산을 정하는 건

제5호의안 1941년도 함경북도 계속비 청진 및 나남 시가지계획 토
지구획정리비 특별회계 세입출예산을 정하는 건

제6호의안 함경북도 도세부과규칙 개정의 건

제7호의안 공립중등학교수업료 신설의 건

제8호의안 입학시험료 신설의 건

제9호의안 명태어란검사수수료 신설의 건

제10호의안 재정조정적립금 설치관리 및 처분에 관한 건

제11호의안 청진공립중학교 신영비 충당을 위한 도채 기채의 건

제12호의안 鏡城공립직업학교 증축비 충당을 위한 도채 기채의 건

제13호의안 金山도로 개수비 충당을 위한 도채 기채의 건

제14호의안 광산도로 개수비 충당을 위한 도채 기채의 건

제15호의안 지방도개수비 충당을 위한 도채 기채의 건

제16호의안 1941년도 자작농지설정유지자금 충당을 위한 도채 기채
의 건

제17호의안 1941년도 치산사업비(사방사업비, 민영사방조성사업비)

충당을 도채 기채의 건

제18호의안 鐘城郡 남산면 공설시장건설비자금 轉貸를 위한 도채 기채의 건

제19호의안 茂山郡 학교비 소학교사신축비자금 전대를 위한 도채 기채의 건

제20호의안 1등도로 나남청진선 개량비 계속비 변경의 건

제21호의안 1등도로 나남청진선 개량비 계속비자금 도채 변경의 건

제22호의안 중소하천개수비 계속비 변경의 건

제23호의안 중소하천개수비 계속비자금 도채 변경의 건

제24호의안 雄尙어항수축공사비 계속비 변경의 건

제25호의안 웅상어항수축공사비 계속비 및 기채거치이자충당 도채 변경의 건

제26호의안 농포공업용지조성비 계속비 변경의 건

제27호의안 관청용지 및 택지조성비 계속비 변경의 건

제28호의안 관청용지 및 택지조성비 계속비 및 동 기채거치이자 충당 도채 변경의 건

제29호의안 함경북도 청진 및 나남시가지계획 토지구획정리비 특별회계 계속비 변경의 건

제30호의안 1940년도 함경북도 세입출 추가경정예산을 정하는 건

제31호의안 1940년도 함경북도 청진 및 나남시가지계획 토지구획정리비 특별회계 세입출 추가경정예산을 정하는 건

제32호의안 1939년도 함경북도 세입출 결산보고의 건

제33호의안 1939년도 황태자전하 성혼기념 함경북도 아동장학기금 특별회계 세입출 결산보고의 건

제34호의안 1939년도 함경북도 이재구조기금 특별회계 세입출 결산

보고의 건

제35호의안 1939년도 함경북도 조선간이생명보험적립금 전대금 특
별회계 세입출 결산보고의 건

제36호의안 1939년도 함경북도 계속비 청진 및 나남 시가지계획 토
지구획정리비 특별회계 세입출 결산보고의 건

제1호보고 도청사 증축비자금 도채 변경 전결처분의 건

제2호보고 1940년도 지방도 및 지방하천 재해복구비자금 도채 변경
전결처분의 건

제3호보고 구채(제1차 궁민구제사업비)이월 상환자금 도채 전결처
분의 건

제4호보고 함경북도 도세부과규칙 개정 전결처분의 건

제5호보고 함경북도 도세부과규칙 개정 전결처분의 건

제6호보고 함경북도 이원퇴은료, 퇴직급여금, 사망급여금, 유족부조
료규칙 개정 전결처분의 건

제7호보고 1940년도 함경북도 세입출 추가경정예산 전결처분의 건

제8호보고 1940년도 함경북도 세입출 추가경정예산 전결처분의 건

의사

도지사(大野謙一) : 지금부터 제12회 함경북도 도회를 개회합니다.

의장(도지사) : 의사를 개회하기 전에 먼저 궁성요배, 이어서 전몰영
령에 대해 감사의 마음을 바치고 아울러 皇軍 장병의 武運長久를
기념하기 위해 1분간 묵도를 바치려고 합니다.

(일동 기립 궁성요배, 묵도를 행함)

의장(도지사) : 그러면 지금부터 오늘 회의를 개회합니다.

의장(도지사) : 오늘은 3번 의원 夏目十郎兵衛, 17번 의원 大川榮造, 20번
　　의원 岩城鍾壹, 21번 의원 李昌仁의 4명이 각기 사고로 결석계를 제
　　출했습니다만 정족수에 도달했으므로 지금부터 회의를 개회합니다.
의장(도지사) : 이어서 도지사로부터 임명 통고를 접한 참여원의 관직
　　과 이름을 서기가 보고하도록 하겠습니다.
(서기 內山屬 보고함)
의장(도지사) : 이어서 의장이 임명한 서기를 서기로 하여금 보고하도
　　록 하겠습니다.
(서기 내산속 보고함)
(중략-원문)
〈이하 원문 없음〉

2) 1941년 3월 4일 제12회 함경북도 도회 회의록(제4일) 초본

항 목	내 용
문 서 제 목	第12回 咸鏡北道道會會議錄 抄本(第4日)
회 의 일	19410304
의 장	大野謙一(도지사)
출 석 의 원	吳島常平(1), 全川治鎬(2), 德山高一(4), 金山韶能(6), 金谷炳義(7), 大見悅之助(8), 四元嘉平次(9), 三上新(10), 金山政一(11), 尾崎逸平(12), 金山益造(13), 柳瀨馨(14), 光永喜七(15), 伊村承鉉(16), 柳川忠廣(18), 茂元溫隆(19), 李昌仁(21)
결 석 의 원	夏目十郎兵衛(3), 中山富雄(5), 大川榮造(17), 岩城鍾壹(20)
참 여 직 원	大野謙一(도지사), 松村基枋(내무부장), 水野薰(산업부장), 森浩(경찰부장), 佐佐木正通(서무과장), 河野年夫(지방과장 겸 국민총력과장), 武廣武雄(사회과장), 岡本寬(학무과장), 後藤佐吉(토목과장), 立石正義(이재과장), 川和田秋彦(회계과장), 塚本次郎(상공과장), 上廻儀一(농정과장), 坪內俊三(토지개량과장), 大谷一彌(축산과장), 鈴木一郎(산림과장), 沼田礎助(수산과장), 曾田忠(경무과장), 德田正治(고등경찰과장), 木村只一(보안과장), 久竹春重(경제경찰과장), 末久秀一(총독부기사 겸 도기사), 浦邊淸磨(토목기사), 古賀一得(토목기사), 神森理吉(토목주사), 駕屋寅雄(산업기사), 淺井弦夫(산업기사), 浦上英良(위생기사), 內山忠勝(도속)
회 의 서 기	內山忠勝(도속), 三枝榮吉(도속), 粟澤徹雄(도속), 永田樟男(도속), 木村正治(도속), 三名木泰治(지방서기)
회의서명자 (검 수 자)	
의 안	제1호의안 1941년도 함경북도 세입출예산을 정하는 건, 제2호의안 1941년도 황태자전하 성혼기념 함경북도 아동장학기금 특별회계 세입출예산을 정하는 건, 제3호의안 1941년도 함경북도 이재구조기금 특별회계 세입출예산을 정하는 건, 제4호의안 1941년도 함경북도 조선간이생명보험적립금 전대금 특별회계 세입출예산을 정하는 건, 제5호의안 1941년도 함경북도 계속비 청진 및 나남 시가지계획 토지구획정리비 특별회계 세입출예산을 정하는 건, 제6호의안 함경북도 도세부과규칙 개정의 건, 제7호의안 공립중등학교수업료 신설의 건, 제8호의안 입학시험료 신설의 건, 제9호의안 명태어란검사수수료 신설의

건, 제10호의안 재정조정적립금 설치관리 및 처분에 관한 건, 제11호의안 청진공립중학교 신영비 충당을 위한 도채 기채의 건, 제12호의안 鏡城공립직업학교 증축비 충당을 위한 도채 기채의 건, 제13호의안 金山도로 개수비 충당을 위한 도채 기채의 건, 제14호의안 광산도로 개수비 충당을 위한 도채 기채의 건, 제15호의안 지방도개수비 충당을 위한 도채 기채의 건, 제16호의안 1941년도 자작농지설정유지자금 충당을 위한 도채 기채의 건, 제17호의안 1941년도 치산사업비(사방사업비, 민영사방조성사업비) 충당을 도채 기채의 건, 제18호의안 鏡城郡 남산면 공설시장건설비자금 轉貸를 위한 도채 기채의 건, 제19호의안 茂山郡 학교비 소학교사신축비자금 전대를 위한 도채 기채의 건, 제20호의안 1등도로 나남청진선 개량비 계속비 변경의 건, 제21호의안 1등도로 나남청진선 개량비 계속비자금 도채 변경의 건, 제22호의안 중소하천개수비 계속비 변경의 건, 제23호의안 중소하천개수비 계속비자금 도채 변경의 건, 제24호의안 雄尙어항수축공사비 계속비 변경의 건, 제25호의안 웅상어항수축공사비 계속비 및 기채거치이자충당 도채 변경의 건, 제26호의안 농포공업용지조성비 계속비 변경의 건, 제27호의안 관청용지 및 택지조성비 계속비 변경의 건, 제28호의안 관청용지 및 택지조성비 계속비 및 동 기채거치이자 충당 도채 변경의 건, 제29호의안 함경북도 청진 및 나남시가지계획 토지구획정리비 특별회계 계속비 변경의 건, 제30호의안 1940년도 함경북도 세입출 추가경정예산을 정하는 건, 제31호의안 1940년도 함경북도 청진 및 나남시가지계획 토지구획정리비 특별회계 세입출 추가경정예산을 정하는 건, 제32호의안 1939년도 함경북도 세입출 결산보고의 건, 제33호의안 1939년도 황태자전하 성혼기념 함경북도 아동장학기금 특별회계 세입출 결산보고의 건, 제34호의안 1939년도 함경북도 이재구조기금 특별회계 세입출 결산보고의 건, 제35호의안 1939년도 함경북도 조선간이생명보험적립금 전대금 특별회계 세입출 결산보고의 건, 제36호의안 1939년도 함경북도 계속비 청진 및 나남 시가지계획 토지구획정리비 특별회계 세입출 결산보고의 건, 제1호보고 도청사 증축비자금 도채 변경 전결처분의 건, 제2호보고 1940년도 지방도 및 지방하천 재해복구비자금 도채 변경 전결처분의 건, 제3호보고 구채(제1차 궁민구제사업비)이월 상환자금 도채 전결처분의 건, 제4호보고 함경북도 도세부과규칙 개정 전결처분의 건, 제5호보고 함경북도 도세

문서번호(ID)	부과규칙 개정 전결처분의 건, 제6호보고 함경북도 이원퇴은료, 퇴직급여금, 사망급여금, 유족부조료규칙 개정 전결처분의 건, 제7호보고 1940년도 함경북도 세입출 추가경정예산 전결처분의 건, 제8호보고 1940년도 함경북도 세입출 추가경정예산 전결처분의 건
문서번호(ID)	CJA0003572
철 명	도기채계속비소방비의무부담부역 부과에 관한 철
건 명	소화16년도 금산도로개수비 기채의 건(함경북도)(회의록도면첨부)
면 수	24
회의록시작페이지	399
회의록끝페이지	422
설 명 문	국가기록원 소장 '도기채계속비소방비의무부담부역 부과에 관한 철'철, '소화16년도 금산도로개수비 기채의 건(함경북도)(회의록도면첨부)'에 포함된 1941년 3월 4일 제12회 함경북도 도회 회의록(제4일) 초본

해제

본 회의록(총 24면)은 국가기록원 소장 '도기채계속비소방비의무부담부역 부과에 관한 철'철, '소화16년도 금산도로개수비 기채의 건(함경북도)(회의록도면첨부)'에 수록되어 있는 1941년 3월 4일 개최된 제12회 함경북도도회 회의록(제4일) 초본이다.

이 회의록은 CJA0000374 86-121, 163-198, 249-284쪽, CJA0003575 975-1010쪽, CJA0003577 54-89쪽에 중복 수록되어 있다.

내용

의안 : 앞 회의록과 동일

의사

의장(도지사) : 지금부터 오늘 의사를 개회합니다.

의장(도지사) : 오늘은 3번 의원 夏目十郎兵衛, 5번 의원 中山富雄, 17번 의원 大川榮造, 20번 의원 岩城鍾壹, 21번 의원 李昌仁의 4명이 각기 사고로 결석계를 제출했습니다만 정족수에 도달했으므로 지금부터 회의를 개회합니다.

오늘 일정은 어제 통고해둔 대로 제1호 의안 1941년도 함경북도 세입출예산을 정하는 건의 제1,2독회이며 계속해서 제3독회를 열어 가능하다면 제2호 의안 이하 제출된 전 의안을 상정하려고 생각합니다.

의장(도지사) : 그러면 회의를 속행합니다.(오후 3시)

9번(四元嘉平次) : 의원들 가운데 점차 의견도 있는 것 같은데 이 뒤의 부의 사건인 제2호부터 마지막까지 대체로는 하나씩 보았기 때문에 이것을 일괄하여 가능한 한 신속하게 마치면 어떨까 하는 의견이 제출되었습니다만 부디 자문하기 바랍니다.

의장(도지사) : 자문합니다. 지금 9번 의원의 발언 취지에 따라 제2호 의한 이하 제36호 의안까지 일괄하고 또 독회를 생략하고 심의하는 것이 어떠한가 생각합니다만 이견은 없습니까.

('이의 없음', '찬성'이라고 말하는 자 있음)

의장(도지사) : 이견이 없는 것 같으므로 그러면 제2호 의안 이하 제36호 의안까지를 일괄하고 또 독회를 생략하고 심의를 부탁합니다.

16번(伊村承鉉) : 질문해도 좋습니까.

의장(도지사) : 지금 상정한 의안에 관해서 입니까.

16번(伊村承鉉) : 그렇습니다.

의장(도지사) : 좋습니다. 하십시오.

16번(伊村承鉉) : 2호 의안, 3호 의안에서 세입의 예금이자의 이율이
　연리 3부 5리로 되어 있는데 우리가 보통 정기예금을 하면 3부 6리
　입니다. 이것은 어째서 보통의 민간예금보다 1리 싼 것입니까. 질문
　드립니다.

의장(도지사) : 지금 16번 의원의 질의에 대해 답변합니다. 그 전에 참
　여원이 제안사항에 관해 그 이유를 간단히 설명하겠습니다.

번외(지방과장) : 지금 상정한 제2호 의안에서 제36호 의안에 관해서
　는 각 課와 관련이 있기 때문에 편의상 제가 간단히 제안 이유 및
　그 내용에 관해 설명을 드리려 합니다.

　먼저 제2호 의안의 1941년도 황태자 전하 결혼기념 함경북도 아동
　장학기금 특별회계 세입출예산을 정하는 건입니다만 전년도와 비
　교하여 9원의 감액을 보이고 있는 것은 전년도 조성한 결과 기금은
　증가했지만 이율이 저하했기 때문이어서 어쩔 수 없는 감액입니다.
　따라서 세출에 있어서 학교 증가에 수반하여 우량아동 選賞費를 증
　액했습니다만 빈곤아동구제비는 감액했습니다.

　이어서 제3호 의안 941년도 함경북도 이재구조기금 특별회계 세입
　출예산을 정하는 건입니다만 전년도에 비해 3,164원이 증가한 것은
　주로 기금의 증가에 의한 이자의 증수와 전년도에 이재구조의 지출
　이 없었기 때문에 이월금이 증가했기 때문입니다. 본건은 위의 기
　금 이자, 임시은사금 이자의 10분의 1 및 운용금 이자를 가지고 구
　조비에 충당하고 기금축적을 위한 도세증징의 이월금, 국고보조금
　및 전년도 歲計 잉여금은 기금에 축적하는 것으로 되어 있습니다.

　이어서 제4호의안 1941년도 함경북도 조선간이생명보험적립금 전
　대금 특별회계 세입출예산을 정하는 건입니다만 전년도에 비해 만

3,224원 증액했습니다. 이것은 전년도 轉貸하려고 계상한 것인데 대신 새로이 轉借 신청액이 증가했기 때문과 전대액의 증가에 따라 상환액이 증가했기 때문입니다. 본건은 대부금의 受入을 통해 도채의 상환비에 충당하기 때문에 일반회계에는 영향을 주지 않습니다. 이어서 제5호의안 1941년도 함경북도 계속비 청진 및 나남 시가지계획 토지구획정리비 특별회계 세입출예산을 정하는 건입니다. 본 예산을 계속비에 의한 연도할액을 계상한 것입니다만 전년도에 비해 3만 1,990원의 감소를 보인 것은 공사비가 연도할에 따라 삭감되었기 때문입니다.

이어서 제6호의안 함경북도 도세부과규칙 개정의 건입니다. 본안은 금년 2월 25일 조선총독부령 43호를 통해 도제시행규칙이 개정된 것에 수반한 것입니다. 즉, 도 재정의 현상에 비추어 신규재정수요에 응하기 위해 필요한 신재원의 부여와 각 도 상호간의 부담의 불균형을 가급적 시정하고 아울러 개인과 법인의 부담의 조정을 꾀하기 위해 본 규칙의 개정을 행하려 한 것이비다. 그 주된 개정의 요점을 대략 서술한다면 먼저 호별세의 세율표를 별표 제1표와 같이 개정하려 했는데 그것은 각 도의 등급구분 및 부과율을 일정하게 하도록 했기 때문입니다. 그리고 호별세의 세율은 부과 개수 1개에 대해 6원까지 증징을 인정했습니다만 본도에 있어서는 달리 증수를 요청하는 일이 가능하기 때문에 금년도는 부과 개수 1개에 대해 4원에 그쳤습니다. 이어서 법인영업세 부가세를 증징하는 것으로 되어 있는데 이것은 개인의 호별세 부담에 대신하기 위해 개인의 영업세 부가세의 세율보다 중과함에 따라 부담의 균형을 꾀한 것입니다. 이어서 가옥세에 있어서는 호별세와 마찬가지로 세율표를 별표 제2표와 같이 고치고 각 도의 등급구간 및 부과율을 정하는 것으로 하였습니다. 또 가옥세의 세울 제한을 부과개수 1개에 대해 25전으로 증액하였습니다만 본도에 있어서는 균형을 유지하기 위해 1개에 대해 20전으로 하였습니다. 또 가옥세 및 차량세는 납세의무 발새의 경우는 그 발생한 달의 익월부터 납세의무 소멸의 경우는 그 소멸한 달까지 각각 월할로 징수하는 것으로 하여 부담의 공평을 기하려는 것입니다. 이어서 차량세에 있어 각 도의 세액을 정하는 것으로 하여 리어카를 과세 외로 하고 자전거세를 반액의 연액 1원으로 감액하는 것으로 하였습니다. 이어서 면세지 특별지세를 신설하기로 하였는데 이것은 지세령 제10조의 2 및 동령 제10조의 3의 규정에 의한 개간면세지 및 매립면세지에 대해 그 면세기간 중 다른 세와의 공평을 꾀하기 위해 본세를 신설하려는 것입니다. 이어서 도축세에 관해 도 재정의 수요에 卽應하기 위해 새로이 돼지의 도살 1마리에 대해 50전을 부과하는 것으로 하였습니다. 이상과 같이 그 개정이 상당히 광범위에 걸치기 때문에 형식상 전문 개정의 방법을 취한 것입니다.

이어서 제7호의안 공립중등학교수업료 신설의 건 및 제8호의안 중등학교 입학시험료 신설의 건입니다만, 두 건 모두 나진공립중학교의 道營 이관 및 중등학교 확충계획에 의한 성진공립중학교 및 청진공립공업학교 신설에 따라 수업료 및 입학시험료를 신설하려는 것입니다.

이어서 제9호의안 명태어란검사수수료 신설의 건입니다만, 본건은 보건상 그리고 本道 명태어란의 성가를 높이는 견지에서 도영 검사를 실시하려는 것입니다.

이어서 제10호의안 재정조정적립금 설치관리 및 처분에 관한 건입니다. 본건은 지난 회 및 今回의 세제개정으로 인한 세입결함보전

을 위해 국고로부터 재정조정보급금를 받게 된 것인데 이 국고보조
금은 연도에 따라 증감되는 것이기 때문에 만일 감액되었을 경우
도 재정운용상 지장을 주지 않기 위해 매년도 국고보조금의 100분
의 5 이상을 적립하도록 本府로부터 지시가 있었습니다. 그러므로
본건 적립금을 설치하려는 것입니다.

이어서 제11호의안 청진공립중학교 신영비 충당을 위한 도채 기채
의 건입니다. 본건은 이미 현찬을 받은 일반회계 예산과 관련하는
것인데 청진공립공업학교 신설에 따른 신영비의 일부를 도 재정의
사정에 따라 기채하려는 것입니다.

이어서 제12호의안 鏡城공립직업학교 증축비 충당을 위한 도채 기
채의 건입니다만 본건은 축산료 併置에 따른 교사의 증축비를 도
재정의 사정에 따라 일부 기채에 의하려는 것입니다.

이어서 제13호의안 金山도로 개수비 충당을 위한 도채 기채의 건,
제14호의안 광산도로 개수비 충당을 위한 도채 기채의 건 및 제15
호의안 지방도개수비 충당을 위한 도채 기채의 건의 3건은 국고보
조를 받아 각각 개수공사를 시행하는 순수한 도비부담액을 도 재정
의 사정에 따라 기채에 의하려는 것입니다.

이어서 제16호의안 1941년도 자작농지설정유지자금 충당을 위한 도
채 기채의 건 및 제17호의안 1941년도 치산사업비(사방사업비, 민영
사방조성사업비) 충당을 도채 기채의 건입니다만, 두 건 모두 기정
계획에 기초한 것이기 때문에 별도 설명을 드릴 필요는 없는 것으
로 생각합니다.

이어서 제18호의안 鐘城郡 남산면 공설시장건설비자금 轉貸를 위한
도채 기채의 건 및 제19호의안 茂山郡 학교비 소학교사신축비자금
전대를 위한 도채 기채의 건입니다만, 두 건 모두 제4호의안의 본건

특별회계예산과 관련하는 것으로 각각 자금전대를 위해 도채를 기
채하려는 것입니다. 이것은 단지 도비를 경유할 뿐으로 본건 도채
의 상환은 轉貸地로부터의 상환금의 수입으로 충당하는 것이고 도
의 부담이 되는 것은 아닙니다.

이어서 제20호의안 1등도로 나남청진선 개량비 계속비 변경의 건,
제21호의안 1등도로 나남청진선 개량비 계속비자금 도채 변경의 건
은 서로 관련되어 있기 때문에 동시에 설명드립니다. 본건은 1940년
도를 통해 공사 준공 예정이었으나 淸羅 직통철도공사의 관계상 1개
년 연장을 할 수밖에 없게 되었기 때문에 사업 연기에 따른 변경으
로 어쩔 수 없는 사정에 의한 것이기 때문에 양해하시기 바랍니다.

이어서 제22호의안 중소하천개수비 계속비 변경의 건 및 제23호의
안 중소하천개수비 계속비자금 도채 변경의 건입니다만 본건은 국
고예산의 관계상 1940년도 공사비의 일부를 순연하는 것으로 되었
기 때문에 그 순연액을 최종년도인 1942년도에 시공하기로 하고 계
속비 및 도채의 변경을 하려는 것입니다. 계속비 및 기채액의 총액
에 있어서는 변경은 없습니다.

이어서 제24호의안 雄尙어항수축공사비 계속비 변경의 건 및 제25
호의안 웅상어항수축공사비 계속비 및 기채거치이자충당 도채 변
경의 건입니다만 본 사업은 1940년도를 통해 완성 예정이었는데 인
부 고갈 및 자재의 입수난 등에 의해 사업이 어쩔 수 없이 순연되었
기 때문에 따라서 기채 쪽도 1940년도 기채액을 줄이고 그 액수를
1941년도에 기채하려는 것입니다. 그리고 여기에서 각위의 양해를
구해야만 하는 것은 본 사업은 금년도 전에 설계한 것이고 사변 발
발과 함께 물가의 이상한 昂騰 및 인부임금의 앙등이 있었기 때문
에 당초의 예산으로는 도저히 실시 불가능하게 되었습니다. 그러므

로 총 예산액을 증액하기로 하고 더욱이 계속연기를 3년 연장하려는 것입니다. 총 예산액에서 실로 103만 8천 원이라고 하는 다액의 증가를 보이고 있는데 본 사업을 완성하기 위해서는 현재 물가로부터 감안해 최소한도의 필요로 어쩔 수 없는 증액입니다. 그리고 이 증액에 의한 재원은 매년도 매축의 완성한 부분을 매각하고 그 토지매각대를 가지고 충당하려고 합니다.

이어서 제26호의안 농포공업용지조성비 계속비 변경의 건입니다만 본건은 임시가족수당 지급에 따른 경비를 사무비 가운데에서 안배하여 계속비를 변경하기로 한 것입니다. 계속비 총액 및 연도할액에는 변경이 없는 것이기 때문에 양해를 바랍니다.

이어서 제27호의안 관청용지 및 택지조성비 계속비 변경의 건 및 제28호의안 관청용지 및 택지조성비 계속비 및 동 기채거치이자 충당 도채 변경의 건입니다만, 본건은 부재지주가 많은 것 등에 의해 용지 매수가 예정대로 진척되지 않았기 때문에 공사를 착수하게 되지 못하고 1940년도에 시공할 예정이었던 공사를 순연하지 않으면 안 되게 되었습니다. 그 때문에 이것을 최종연도로 순연하여 시공하는 것으로 하고 또 용지 매수의 未濟 부분을 1941년도로 이월 매수하려는 것입니다. 따라서 계속비의 변경에 따라 기채 쪽도 변경하려는 것입니다.

이어서 제29호의안 함경북도 청진 및 나남시가지계획 토지구획정리비 특별회계 계속비 변경의 건입니다만 본건은 임시가족수당 지급에 의한 경비의 안배와 부담금의 체납자가 많기 때문에 체납처분을 집행하기로 하여 이에 따른 경비의 추가가 계속비 변경의 주된 원인입니다.

이어서 제30호의안 1940년도 함경북도 세입출 추가경정예산을 정하는 건입니다만 본건은 도세의 증수에 따른 부읍면 교부금의 추가와 국고보조에 기초한 식량배급시설비 및 동 보조를 추가하려는 것과, 각 사업의 계속비 변경에 따른 예산을 경정하려는 것으로 각 사업의 계속비 변경과 서로 관련되는 것입니다.

이어서 제31호의안 1940년도 함경북도 청진 및 나남시가지계획 토지구획정리비 특별회계 세입출 추가경정예산을 정하는 건입니다만 본건은 본 사업 계속비 변경에 따른 예산의 추가경정이고 계속비 변경과 서로 관련되는 것입니다.

마지막으로 제32호의안 1939년도 함경북도 세입출 결산보고의 건, 제33호의안 1939년도 황태자전하 성혼기념 함경북도 아동장학기금 특별회계 세입출 결산보고의 건, 제34호의안 1939년도 함경북도 이재구조기금 특별회계 세입출 결산보고의 건, 제35호의안 1939년도 함경북도 조선간이생명보험적립금 전대금 특별회계 세입출 결산보고의 건 및 제36호의안 1939년도 함경북도 계속비 청진 및 나남 시가지계획 토지구획정리비 특별회계 세입출 결산보고의 건입니다만 각 안건 모두 예산집행의 결과로 각각 설명서가 첨부되어 있기 때문에 그것으로 양해하시기 바라며 내용의 설명은 생략하려고 합니다.

이상 각 안건 모두 이미 협찬을 얻은 일반회계 예산과 서로 관련되는 것, 또는 어쩔 수 없는 사정에 기인한 것입니다. 설명이 매우 간단하여 어쩌면 양해를 받을 수 없을 지도 모르지만 의심스러운 점이 있으시다면 질문에 응해 제가 또는 다른 참여원이 답변을 하도록 하겠습니다. 매우 간단합니다만 이상으로 제 설명을 마치겠습니다. 또한 앞서 16번 의원으로부터 예금이자가 일반 민간에서는 3부 6리인데 여기에 들고 있는 것은 3부 5리로 1리의 차이가 있다고 질문하셨는데 식산은행의 정기예금은 현재에는 3부 5리로 되어 있기 때문에 그 은행예금을 계상한 것입니다. 금융조합은 현재의 이율은 3부 6리 5모입니다만 현재 이재구조기금관리규칙에 의하면 근행예금 또는 신탁으로 하라는 규정으로 되어 있는 관계상 은행 예금을 하고 있어 그 이율을 게재한 것입니다. 그렇게 이해하시기 바랍니다.

19번(茂元溫隆) : 자작농설정에 관해 한마디 질문합니다.

현재 도에서 각 시설을 경영하고 있는 것은 모두 양호한 성적을 올리고 있는데 그중에서도 자작농설정은 정말로 시의에 적절한 조치로써 도민은 매우 기뻐한다고 알고 있습니다. 예산면을 보면 1941년도 계획은 55호인 것 같은데 종래의 수치에 비해 증감이 있지 않는가. 그리고 이들은 종래의 영농상태 및 생활상태 혹은 연부상환금의 체납의 유무, 나아가 종래의 성적이 양호했다고 한다면 금년도부터 농사의 재출발을 꾀하는 오늘날에 있어서 종래보다 더 한층 증설이 필요한 것은 아닌가 생각하는 바입니다. 또한 이 기채는 도가 기채하는 것의 실질에 있어서 소작농 자체에게 채무가 부담되는 것이기 때문에 24개년째에 연부상환되도록 하는 예산이기 때문에 성적이 좋았다면 더 한층의 증설이 필요한 것이 아닐까 생각합니다. (중략-편자)

번외(농정과장) : 1941년 자작농설정에 관해서는 55호입니다. 종래 설정하였던 것은 1932년부터 1939년까지 394호, 그 면적이 566町 7反, 대부한 금액은 25만 7,040원으로 모두 매우 성적이 좋았습니다. 성공한 자작농의 영농지도에 관해서는 특히 진력하려고 하는 바입니다. 연부상환금 같은 것도 체납은 없습니다. 그리고 자작농설정은 가능한 한 이것을 확장하여 호수를 늘리는 것은 어떠한가라는 것은 지당한 말씀입니다만 자금의 관계도 있어 이것은 본부로부터 정한

계획에 따라 실시하는 것입니다. 본도는 해마다 55호를 넘는 것은 가능하지 않습니다.

번외(토지개량과장) : 지금 수리조합의 이사에 관해 종래의 경과로부터 살펴보면 종래 거의 군수에서 퇴직한 자를 채용하고 있습니다. 그보다도 지방민 가운데 적당한 사람이 있다면 채용하면 어떠한가라는 질문이 있었습니다만 수리조합의 여러 가지 문제는 재정의 경리, 혹은 여러 가지 공공단체로서의 사무 등 매우 법령이라는 것에 상당히 통달한 사람이 아니면 잘 해나갈 수 없는 관계가 있습니다. 일부러 사직한 군수를 이사로 삼는 일은 절대로 없습니다. 만약 지방민 가운데 그 나름의 지식 및 사무에 통달한 분이 있다면 충분히 고려하여 채용하는 것도 고려할 수 있다고 생각합니다. 이상 간단히 답변 드립니다.

번외(상공과장) : 성냥의 배급입니다만 이것은 작년 8월 1일부터 대체로 통제에 들어갔습니다만 지금도 자치적으로 하고 있습니다. 대체의 방식은 日本燐寸共販주식회사가 도내에도 있습니다만 전조선에 있는 성냥제조조합원 양쪽으로부터 미쓰비시(三菱)상사로 들어갑니다. 본도에 있어서는 미쓰비시상사 청진지점을 통해 일괄하여 제1차 도매판매점을 통하고 제2차 도매판매점, 그 다음은 소매판매점, 소매판매점 이하는 자유판매로 되어 있는데 소매판매점까지는 할당제를 자치적으로 하고 있습니다. 이것은 책임을 갖고 미쓰비시가 하고 있습니다만 그 보고는 도청에 매월 들어오고 있습니다. 현재 3월 중으로 말씀드리면 대체로 일반형이 137톤, 가정형이 195톤, 합계 332톤으로 되어 있습니다. 그런데 지난번 국경방면에 있어서 온전히 배급이 원활하지 않다는 소리를 들었습니다. 내용을 조사해본 결과 청진에 있는 北鮮燐寸주식회사의 제조능력이 감퇴되었던 것입니다. 업자를 불러들여 서둘러 부활하도록 독촉하고 있는 바입니다. 조만간 원래 정도로 회복할 것으로 확신을 갖고 있습니다.

이어서 도내 생산 성냥의 검사 실시에 관해서입니다만 특히 가정용 성냥의 軸木 등도 최근 소질이 나빠지고 있습니다. 그리고 燐寸의 입수가 매우 원활하지 못하기 때문에 소질이 저하하고 있습니다. 검사제는 아직 실시하지 않고 있지만 큰 상자, 중 상자 모두 넣는 것이 매우 난잡하고 개피 수가 매우 적다는 점도 있기 때문에 더욱 독려해 점차 제조방법에 관해서도 훌륭하게 하도록 더 독려를 하고 있는 바입니다. 아직 검사 쪽까지 나아가고 있지 못합니다. 필요에 응해 실시하도록 하게 될 지도 모릅니다.

의장(도지사) : 자문합니다. 제2호의안부터 제36호의안에 이르기까지 대체로 질의를 마친 것으로 생각하므로 採決에 들어가면 어떻겠습니까.

('찬성'이라고 말하는 자 있음)

의장(도지사) : 그러면 채결합니다. 제2호의안 이하 제36호의안가지 원안에 찬성하는 분은 기립하기 바랍니다.

(찬성자 기립)

의장(도지사) : 전원 기립했습니다. 제2호의안부터 제36호의안에 이르기까지 만장일치로 원안대로 가결 확정했습니다.

오늘의 일정은 이상으로 전부 議了했습니다만 일정을 추가해 보고 사안 8건을 일괄해 상정하려고 생각합니다. 참여원으로 하여금 주된 요지를 설명하도록 하겠습니다.

번외(지방과장) : 보고사안은 제1호 보고부터 제8호 보고까지의 8건으로 이것은 도회 폐회 중에 임시 긴급을 요하고 도회 개회의 여유가 없기 때문에 법류에 따라 도지사가 전결처분을 한 것입니다. 내용은 자리에 배부한 보고서에 상세하게 기재되어 있기 때문에 이것에 따라 이해하시기 바랍니다.

의장(도지사) : 그러면 오늘 일정은 종료되었습니다. 이것으로 산회하려고 합니다.

내일의 일정은 건의안이 1건 있기 때문에 이를 상정할 예정입니다. 수고하셨습니다.

(오후 3시 40분)

3) 1941년 3월 5일 제12회 함경북도 도회 회의록(제5일) 초본

항 목	내 용
문 서 제 목	第12回 咸鏡北道道會會議錄 抄本(第5日)
회 의 일	19410305
의 장	大野謙一(도지사)
출 석 의 원	吳島常平(1), 全川治鎬(2), 德山高一(4), 金山韶能(6), 金谷炳羲(7), 大見悅之助(8), 四元嘉平次(9), 三上新(10), 金山政一(11), 尾崎逸平(12), 金山益造(13), 柳瀨馨(14), 光永喜七(15), 伊村承鉉(16), 柳川忠廣(18), 茂元溫隆(19), 李昌仁(21)
결 석 의 원	夏目十郎兵衛(3), 中山富雄(5), 大川榮造(17), 岩城鍾壹(20)
참 여 직 원	大野謙一(도지사), 松村基枋(내무부장), 水野薰(산업부장), 森浩(경찰부장), 佐佐木正通(서무과장), 河野年夫(지방과장 겸 국민총력과장), 武廣武雄(사회과장), 岡本寬(학무과장), 後藤佐吉(토목과장), 立石正義(이재과장), 川和田秋彦(회계과장), 塚本次郎(상공과장), 上廻儀一(농정과장), 坪內俊三(토지개량과장), 大谷一彌(축산과장), 鈴木一郎(산림과장), 沼田礎助(수산과장), 曾田忠(경무과장), 德田正治(고등경찰과장), 木村只一(보안과장), 久竹春重(경제경찰과장), 末久秀一(총독부기사 겸 도기사), 浦邊淸磨(토목기사), 古賀一得(토목기사), 神森理吉(토목주사), 駕屋寅雄(산업기사), 淺井弦夫(산업기사), 浦上英良(위생기사), 內山忠勝(도속)
회 의 書 記	內山忠勝(도속), 三枝榮吉(도속), 粟澤徹雄(도속), 永田樟男(도속), 木村正治(도속), 三名木泰治(지방서기)
회 의 서 명 자 (검 수 자)	大野謙一(도지사), 金山韶能(6), 三上新(10)
의 안	건의안
문 서 번 호 (ID)	CJA0003572
철 명	도기채계속비소방비의무부담부역 부과에 관한 철
건 명	소화16년도 금산도로개수비 기채의 건(함경북도)(회의록도면 첨부)
면 수	4
회의록시작페이지	423
회의록끝페이지	426

설 명 문	국가기록원 소장 '도기채계속비소방비의무부담부역 부과에 관한 철', '소화16년도 금산도로개수비 기채의 건(함경북도)(회의록도면첨부)'에 포함된 1941년 3월 5일 제12회 함경북도 도회 회의록(제5일) 초본

해 제

본 회의록(총 4면)은 국가기록원 소장 '도기채계속비소방비의무부담부역 부과에 관한 철', '소화16년도 금산도로개수비 기채의 건(함경북도)(회의록도면첨부)'에 수록되어 있는 1941년 3월 5일 개최된 제12회 함경북도도회 회의록(제5일) 초본이다.

이 회의록은 CJA0000374 86-121, 163-198, 249-84쪽, CJA0003575 975-1010쪽, CJA0003577 54-89쪽에 중복 수록되어 있다.

내 용

의사

의장(도지사) : 지금부터 오늘 회의를 개회합니다.

오늘은 3번 의원 夏目十郎兵衛 군, 5번 의원 中山富雄 군, 17번 의원 大川榮造 군, 20번 의원 岩城鍾壹 군, 21번 의원 李昌仁 군의 5명이 결석입니다만 정족수에 도달하였으므로 의사를 개회합니다.

(중략·원문)

의장(도지사) : 이상으로 의안 전부를 종료하였습니다. 그러면 규정에 따라 회의록의 서명의원을 정하려고 생각합니다만 전례에 따라 의장이 지명하는 것으로 하여도 좋겠습니까. 자문합니다.

('이의 없음', '찬성'이라고 말하는 자 있음)

의장(도지사) : 이의가 없는 것 같으므로 의장이 지명하겠습니다.

회의록 서명의원은 10번 三上新 군과 6번 의원 金山韶能 군 두 분에게 부탁합니다.

(중략-원문)

의장(도지사) : 그러면 오늘 의사를 폐회하겠습니다.

도지사(大野謙一) : 제12회 함경북도 도회는 이로써 폐회했습니다. (오전 11시 1분)

(하략-편자)

Ⅱ
부회 회의록

1. 경성부회 회의록

1) 1938년 2월 27일 경성부회 회의록

항 목	내 용
문 서 제 목	京城府會會議錄
회 의 일	19380227
의 장	佐伯顯(부윤)
출 석 의 원	濱田虎熊(1), 成松綠(2), 大野史郎(3), 梁在昶(6), 本田建義(8), 上杉直三郎(9), 南條晟(10), 古川敬介(11), 曹秉相(14), 上原誠治(15), 壹崎辛義(16), 森安敏暢(17), 加納一米(18), 芮興洙(19), 間島梅吉(20), 韓相喆(21), 朴勝城(22), 金應純(23), 桂基瓊(24), 劉承復(26), 李升雨(27), 梅林卯三郎(28), 白石巖(30), 藤田爲與(32), 石原憲一(34), 加藤好賭(36), 近藤秋次郎(38), 山中大吉(39), 姜昌熙(40), 庄司秀雄(41), 古城龜之助(47), 波多江千代藏(48), 車相鎬(49), 伊藤東作(50), 朴元信(51), 金泰潗(52), 木下榮(53), 康容杓(55), 藤村忠助(56), 李昌業(57), 姜永晤(58), 山田眞一(59), 不破三平(60), 國友尙謙(61), 長谷川和三郎(62)
결 석 의 원	馬場節(4), 李弘鍾(5), 赤萩與三郎(7), 韓萬熙(13), 杉市郎平(25), 尹宇植(29), 寶諸彌七(31), 菅總治(33), 中村郁一(35), 洪必求(37), 片岡喜三郎(42), 內田鯤五郎(43), 大梅健治(44), 關根金作(45), 朴疇明(46), 鈴木文助(54), 韓相億(63)
참 여 직 원	松島淸(조선총독부 부사무관), 金永祥(동), 長鄕衛二(부기사), 柳本朝光(부이사관), 簗瀨末太郎(경성부 주사), 眞野富太郎(동), 稻垣辰男(동), 中村勘吉(동), 中村恒造(동), 湯山淸一(동), 磯矢耕太郎(동), 古賀國太郎(동), 江頭又次郎(동), 伊藤文雄(경성부 토목기사), 梶山淺次郎(동), 荻野正俊(경성부 위생기사), 土屋積(경성부 건축기사), 木代嘉樹(경성부 수도기사), 洪祐完(경성부 주사), 金古鼎成(동), 森高源藏(동), 松尾平次(경성부 서기)
회 의 書 記	
회 의 서 명 자 (검 수 자)	佐伯顯(부윤), 金應純(23), 桂基瓊(24)
의 안	의안11호~22호
문서번호(ID)	CJA0003365

철　　　　　명	경성부일반경제관계서철
건　　　　　명	경성부특별세토지평수할조례중 개정의 건 경성부회회의록
면　　　　　수	21
회의록시작페이지	500
회의록끝페이지	520
설　　명　　문	국가기록원 소장 '경성부일반경제관계서철', '경성부특별세토지평수할조례중 개정의 건 경성부회회의록'에 포함된 1938년 2월 27일 경성부회 회의록

해 제

본 회의록(총 21면)은 국가기록원 소장 '경성부일반경제관계서철', '경성부특별세토지평수할조례중 개정의 건 경성부회회의록'에 수록되어 있는 1938년 2월 27일 열린 경성부회 회의록이다.

이 회의 초반에 의안 제11호부터 의안 제22호까지의 부탁 안건에 대한 위원장의 보고에 이어 새로 만들어진 부민회관의 명칭과 사용방법, 경성부 수산시장에 관한 논의가 이어졌다.

내 용

의장(부윤) : 오늘 출석의원은 39명으로 정원수에 도달하였으므로 지금부터 개회합니다. 오늘의 의사일정은 배부한 인쇄물에 의해 양해하시기 바랍니다.

또한 회의록 서명의원은 23번 및 24번 두 분께 부탁드립니다.

일정 제1에서 제12, 즉 의안11호부터 의안22호의 12건은 지난 20일의 본회의에서 일괄 상정하였습니다만 제1독회에서 특별위원회에 부탁한 안건이므로 오늘은 이것을 일괄 의제로 삼아 심의를 부탁합니다. 지금부터 위 의제에 관해 제1독회의 속행을 합니다. 위원장의 보고를 부탁드립니다.

(27번 李 등단)

27번(李) : 위원회의 경과 및 그 결과를 보고합니다.

지난 1월 20일 경성부회에서 특별위원에 부탁한 의제11호부터 22호의 각 의안에 관해 1월 24일 위원회를 열어서 신중한 심의를 한 결과 그 가운데 자리에 제출한 대로 일부에 관해서는 부 당국으로부터 수정의 안이 제출되어 그것을 원안으로 삼아 심의를 했습니다. 그리고 의제11호부터 의제22호까지 모두 원안대로 가결을 하였습니다.

그 가운데 한 가지 특히 말씀드리려 하는 것은 의제12호입니다. 이 의제12호의 제15조에 관해서 위원회에서 여러 가지 의견이 있었습니다. 지금까지는 부회의 결의를 거쳐 해야 할 것으로 규정이 있었던 것을 부회의 결의를 기다리지 않고 부윤이 專行하는 것으로 수정 개정한 것입니다. 그 점의 회의의 권한을 축소시키는 것은 아닌가라는 의견이 있었습니다만 결국 예산 회의에서 우리는 부윤의 전행사항에 관해 감시하는 것이 가능하다는 것이 하나, 또 하나는 조례 그 자체가 매우 세밀하게 되어 있으므로 부윤의 자유재량의 범위가 매우 좁다, 그래서 이것은 회의의 결의를 거치지 않고서도 큰 폐해가 없을 것이라고 하여 원안대로 결정한 바입니다.

그리고 또 하나 의제14호에 관해 여러 가지 이야기가 있었습니다만 특히 명칭에 관한 이야기가 있었습니다. 본 회의에서도 부민회장이라는 이름보다 달리 적당한 명칭이 있다고 한다면 수정하면 어떤가라는 의견이 있었고 또 위원회에서도 여러 가지 의견이 있었으나 현재로서는 적당한 명칭이 없습니다. 적당한 명칭이 발견될 때까지 이 명칭으로 행하는 것으로 정리했습니다. 이상 보고 드립니다.

의장(부윤) : 위원장의 보고에 대한 질문은 없습니까. …… 없으신 것 같은데 理事者에 대한 질문은 없습니까.

('없다'고 말하는 자 있음)

48번(波多江) : 이것은 너무나 빨라서 어디선가 무엇인가 있을 것이라고 생각하였는데 더 이상 없기 때문에 조금 허둥대고 있습니다만 제14호 의안에 관해 조금 위원장에게 묻고 싶습니다.

이 부민회장의 사용에 관해서는 제2조에 '1회에 대해 20원의 사용료'가로 되어 있고 제4조에 '오전 8시부터 오후 11시까지'라는 것으로 되어 있는데 이에 따르면 부민회장은 1일에 1회만 사용할 수밖에 없는 것으로 보입니다. 만일 하루에 장례식을 두 개나 세 개를 해야만 하는 경우에 하루 사용하지 않더라도 하루 빌려 끝나면 비어 있더라도 사실 그대로 놓아두지 않으면 안 된다는 것이 된다. 이러한 경우에는 두 시간, 세 시간이라는 정도로 나누어 두면 4시부터는 사용이 있으므로 4시 전에 빌리자는 것이 가능하여 매우 편리하다고 생각합니다. 하루에 1회에 한하는 것으로 해도 좋은 가 그 점에 관해서는 어떠한 심의가 있었습니까.

의장(부윤) : 이것은 이사자가 답변하겠습니다.

27번(李) : 아니, 제가 답변하겠습니다. 이것은 위원회에서도 이야기가 있었습니다만 제4조의 사용이라는 것은 제2조의 20원을 지불한 자가 사용한다는 것이 아니라 요컨대 개장시간을 지정한 것입니다. 개장이라는 식으로 수정하면 어떨까라는 의견도 있었습니다만 언제라도 열어둔다는 것이므로 개장이라는 글자를 사용하는 것도 어떠한가라는 논의도 있었다. 요컨대 제4조의 오전 8시부터 오후 11시까지라는 것은 부민회장을 연다는 시간을 가리키는 것이고 20원을 납부한 자에게 빌려준다는 것은 아니라는 당국의 설명도 있었다. 우리들도 그러한 식으로 해석이 가능하다는 것으로 했습니다. 1회에 20원은 내고 사용한다고 하면 나중에는 필요 없게 되어 다른 사람에게 빌려주는 것이 가능하다. 하루에 3회, 4회, 5회도 사용하게 하는 것이 가능하다는 식으로 해석은 가능하다. 그러한 식으로 해석해 실행한다는 것으로 원안대로 가결 확정했던 것입니다.

48번(波多江) : 지금과 같이 짧게 사용하는 사람이 있다면 좋겠지만 8시부터 11시까지를 통째로 빌린 경우도 역시 20원에 대여하게 되어 나중 사람은 사용할 수 없게 된다. 그렇게 해도 좋다는 것이 되는데 그래서는 매우 사용 방식이 불공평해진다고 생각하는데 어떻습니까. 그러므로 나누어서 사용하는 편이 편리하다고 생각합니다. 단, 처음으로 빌릴 때에 8시부터 11시까지로 빌린다면 다른 사람이 어떠한 필요가 생겨도 사용할 수는 없게 되지 않을까 걱정이 됩니다. 그 점이 지장이 없게 된다면 좋겠지만 ……

의장(부윤) : 이사자가 답변해주기 바랍니다.

번외(築瀨) : 지금 말하는 것은 어디에 사용한다는 목적, 장례식이면 장례식에 사용한다는 것으로 되면 언제부터 언제까지라고 정하고 그것은 대체로 어느 정도의 시간이 필요한가, 적당한 시간을 결정하고 그리고 그 행사가 끝나는 것을 1회하고 생각하고 있기 때문에 그 시간이 끝나면 20원을 내더라도 사용할 수 없습니다. 다른 시간은 계약하여 다른 사람에게 사용하게 할 작정입니다. 1회라고 하는 것은 어느 한 종류의 행사를 마치면 1회라고 생각하고 있습니다. 시간이 남으면 다른 사람에게 사용하게 할 생각입니다. 물론 계약할 때 대체적인 시간을 정합니다.

의장(부윤) : 48번 괜찮습니까.

48번(波多江) : 그렇게 해서 잘된다면 좋습니다.

50번(伊藤) : 앞서 위원장이 보고하신 점에 관해서 나는 찬성합니다. 그러나 마지막의 부민회장에 관해서 말하면 이것은 언제부터 사용하게 되는지 질문하고 싶습니다.

또 하나는 좋은 명칭을 찾을 수 없다는 것입니다만 실제로 부민회관을 부민관이과 부르고 있는데 어떻든 실제로 사용이 가능할 때까지 반드시 이름을 바꾸기 바랍니다. 부민회장과 부민회관은 매우 혼동이 될 것 같습니다. 의사 진행이나 당분간 처리상으로는 이 명칭을 사용하는 것이 좋다고 생각하는데 가능하다면 사용 당시에 그것을 혼동하지 않도록 부디 부탁하는 바입니다.

('동감'이라고 말하는 자가 있음)

번외(簗瀨) : 2월 1일[2]부터 개장하는 것으로 되어 있습니다.

50번(伊藤) : 2월 1일이라고 한다면 얼마 남지 않았는데 부디 이것을 바꾸기를 바라는 바입니다.

의장(부윤) : 그것을 잘 알았습니다만 그것을 어떠한 식으로 하는가는 위원이 모여서 했는데 明案이 없었던 것입니다.

(私談이 일어나 소란스러워짐)

17번(森安) : 의제11호부터 의제22호 의안은 특별위원회에서 신중하게 심의가 이루어진 것에 따라서 위원장의 보고를 승인하고 나머지 독회를 생각하고 가결 확정할 것을 動議하고 제출합니다.

('찬성'이라고 말하는 자 있음)

의장(부윤) : 지금 17번 의원의 동의에 이의 없습니까.

---

[2] 원문대로임.

('이의 없음'이라고 말하는 자 있음)

의장(부윤) : 그러며 의제11호부터 의제22호 의안은 가결 확정했습니다.

의장(부윤) : 이어서 일정 제13 및 제14, 즉 의안제32호 및 의안제33호에 관해서도 지난 21일의 본회의에서 상정했습니다만 제1독회에서 특별위원에 부탁하기로 했던 안건이므로 두 의안을 일괄 의제로 삼아 심의해 주시기를 바랍니다. 지금부터 제1독회를 속행합니다. 위원장이 보고해주시기 바랍니다.

(3번 大野 등단)

3번(大野) : 보고하겠습니다. 1월 21일 개회한 경성부회에서 전원으로 구성된 특별위원에게 부탁된 의제32호 및 의제33호의안 심의을 위해 이번 달 25일 특별위원회를 계획하여 검토 심의를 한 결과 의제32호의안 부속 경성부수산시장업무규정에 관해서는 특히 신중하게 심의할 필요를 인정해 11명의 소위원을 선정해 이 심의를 부탁했습니다. 그 결과 소위원회는 이번 달 26일 오후 1시부터 축조심의의 결과 별지와 같이 제안자로부터 정정 신청이 있었기 때문에 이것을 인정해 원안을 가하고 결정하는 뜻을 이번 갈 26일 오후 4시 개회한 특별위원회에서 주사로부터 보고가 있었습니다. 따라서 본 위원회는 이것을 의제로 삼아 신중하게 심의를 거듭하고 또 의제33호의안도 합쳐서 심의를 했습니다. 결과는 다음과 같습니다.

1. 의제32호 경성부수산시장 영업 직영에 관한 건은 제안자로부터 별지와 같이 정정이 있었으므로 이것을 인정해 원안으로 삼는 것이 가하다고 결정함.

의제33호 경성부수산시장 소재 지번 관리방법에 관해 제안자로부터 별지와 같이 전정이 있었으므로 원안으로 삼는 것이 가하다고 결정함.

전원 특별위원회에서 보류된 제33호의안에 대한 소수자의 의견은 직접 의견자가 발표하는 것으로 한다. 이상입니다. 이 정정서에 관해서는 이미 배부해드렸습니다. 읽는 것을 생략합니다만 … ('찬성', '이의 없음'이라고 말하는 자 있음) 그렇다면 그렇게 하시기 바랍니다.

의장(부윤) : 위원자의 보고에 대한 질문이 있습니까.

('질문 없다'고 말하는 자 있음)

의장(부윤) : 이사자에 대한 질문은 없습니까.

('질문 없다'고 말하는 자 있음)

의장(부윤) : 잠시 말씀드립니다. 제1독회는 이상으로 종료를 하고 제2독회를 개회하려고 하는데 어떻습니까.

('찬성'이라고 말하는 자 있음)

의장(부윤) : 그러면 이의가 없는 것으로 인정하고 지금부터 제2독회를 개회합니다.

(하략-편자)

2) 1938년 3월 29일 경성부회 회의록(발췌)

항 목	내 용
문 서 제 목	京城府會會議錄
회 의 일	19380329
의 장	佐伯顯(부윤)
출 석 의 원	濱田虎熊(1), 成松綠(2), 大野史郎(3), 李弘鍾(5), 梁在昶(6), 赤萩與三郎(7), 本田建義(8), 上杉直三郎(9), 南條晟(10), 韓萬熙(13), 曹秉相(14), 上原誠治(15), 壹崎辛義(16), 加納一米(18), 芮興洙(19), 朴勝城(22), 金應純(23), 桂基資(24), 杉市郎平(25), 劉承復(26), 李升雨(27), 梅林卯三郎(28), 白石巖(30), 寶諸彌七(31), 中村郁一(35), 加藤好贈(36), 洪必求(37), 山中大吉(39), 姜昌熙(40), 庄司秀雄(41), 大梅健治(44), 關根金作(45), 古城龜之助(47), 波多江千代藏(48), 車相鎬(49), 伊藤東作(50), 朴元信(51), 金泰濬(52), 木下榮(53), 鈴木文助(54), 康容杓(55), 藤村忠助(56), 李昌業(57), 姜永晤(58), 不破三平(60), 國友尙謙(61), 韓相億(63)
결 석 의 원	馬場節(4), 古川敬介(11), 森安敏暢(17), 間島梅吉(20), 韓相喆(21), 尹宇植(29), 藤田爲與(32), 菅總治(33), 近藤秋次郎(38), 庄司秀雄(41), 片岡喜三郎(42), 長谷川和三郎(62)
참 여 직 원	松島淸(조선총독부 부사무관), 柳本朝光(부이사관), 簗瀨末太郎(부이사관), 長鄕衛二(부기사), 金永祥(부사무관), 中村勘吉(경성부 주사), 伊藤文雄(경성부 토목기사), 江頭又次郎(경성부 주사), 荻野正俊(경성부 위생기사), 土屋積(경성부 건축기사), 稻垣辰男(경성부 주사), 中村恒造(경성부 주사), 湯山淸一(동), 松尾平次(동), 眞野富太郎(동), 磯矢耕太郎(동), 古賀國太郎(동), 松田金一郎(동), 梶山淺次郎(경성부 토목기사), 木代嘉樹(경성부 수도기사), 오명환(조선총독부 부속), 澤田東市(조선총독부 부속), 金古鼎成(경성부 부사), 洪祐完(경성부 주사), 森高源藏(경성부 주사)
회 의 서 기	
회 의 서 명 자 (검 수 자)	佐伯顯(부윤), 大野史郎(3), 赤萩與三郎(7)
의 안	의제55호~의제75호
문서번호(ID)	CJA0003365
철 명	경성부일반경제관계서철

건 명	경성부회회의록
면 수	11
회의록시작페이지	682
회의록끝페이지	692
설 명 문	국가기록원 소장 '경성부일반경제관계서철', '경성부회회의록'에 포함된 1938년 3월 29일 경성부회 회의록(발췌)

해 제

본 회의록(총 11면)은 국가기록원 소장 '경성부일반경제관계서철', '경성부회회의록'에 수록되어 있는 1938년 3월 29일 열린 경성부회 회의록(발췌)이다.

이날 회의는 3월 15일부터 시작된 경성부회의 제12일째 최종일 회의이다. 1939년도 경성부 예산 1,746만 2,989원을 심의한 경성부회는 15일 오후 2시 부청 회의실에서 佐伯 부윤의 사회로 개회하였다. 최종일에 예산안은 만장일치로 원안가결되었으나 각 의원들이 제출한 의견서를 둘러싸고 부회 말미에 대논전이 전개되어 긴장된 분위기를 연출했다. 의견서 4건은 1. 조선지방선거단속규칙 중 부회의원 선거에서 호별방문 금지 사항을 규정하록 조치해주기 바란다. 2. 경성부 동부방면 전화가설료를 부내와 동일하게 감해주도록 교섭하기 바란다. 3. 경성부 동부출장소 주민의 가중 전차요금을 철폐하기 바란다. 4. 조선시가지 계획령에 근거해 경성부에 대한 상업, 공업, 주거 등의 지역을 속히 결정하도록 조치하기 바란다는 것이었다.[3]

신문기사에 요약된 회의 내용은 다음과 같다.

[3] 『朝鮮新聞』 1938.3.17, 2면; 1938.3.30, 1면 참조.

"경성부회 최종일인 12일째는 29일 오후 2시 10분 개회. 수산회사교부금 충당기채의 건 외 13건을 일괄상정하여 柳本 내무과장이 설명하였다. 이어서 부민병원 특별회계 세입출예산, 공익질옥 특별회계 세입출예산을 상정, 劉承復 의원이 부민병원의 시설 완비를 요망, 加藤 의원이 부민병원이 빈곤계급의 이용을 잘못해 중산계급 이상에 독점되고 있는데 개선하기 바란다는 의견 개진이 있고 모두 가결 확정되었다. 드디어 일반회계 세입출예산 외 條슈 설정 및 개정의 9개 안건을 상정. 제3독회를 속행해 만장 이의 없이 가결 확정하였다. 나아가 제1토지구획정리비 특별회계 세입출 예산, 농량자금 특별회계 세입출예산, 농량대부이율 결정의 3건이 상정되어 이 또한 이의 없이 가결 확정되었다. 토지교환, 부유토지 대부의 건 외 8건을 일괄상정하여 가결 확정. 1936년도 경성부 일반회계 세입출 결산 및 특별회계 세입출 결산안을 상정, 특별위원회에 부탁. 이어서 영등포 番大方町에 공업학교 설립에 따른 시가지계획노선 변경의 답신안을 상정해 가결 확정."[4]

내 용

의장(부윤) : 지금부터 개회합니다. 출석의원 26명이고 정족수에 도달하였기 때문에 지금부터 부회를 개회합니다. 오늘의 의사일정은 배부해드린 인쇄물로 대신함을 양해하시기 바랍니다. 그리고 회의록 서명의원은 3번 및 7번 두 의원에게 부탁합니다.

의사일정 제1부터 제14, 즉 의제36호, 의제37호, 의제39호, 의제40호, 의제41호, 의제42호, 의제45호, 의제56호, 의제57호, 의제59호, 의제

---

4) 「京城府會終る, 諸案一瀉千里に可決」, 『京城日報』 1938.3.30, 3면.

60호, 의제61호에서 의제63호, 의제74호의 14건을 일괄해 의제로 삼습니다. 의안의 낭독을 생략하겠습니다. 지금부터 본 의제 전부의 제1독회를 개회합니다. 번외가 제안의 이유를 간단히 설명하겠습니다. (설명 생략)

의장(부윤) : 의사일정 제15, 제16, 의제65호 및 의제66호의 2건을 일괄 의제로 삼습니다.

의안의 낭독은 생각하겠습니다. 지금부터 위 2건의 1독회를 개회합니다. 번외가 제안 이유를 설명하겠습니다. (설명 생략)

35번(中村) : 의제65호 및 의제66호의 2독회를 생략하고 제3독회로 이동할 것을 동의하고 제안합니다.

('찬성'이라고 말하는 자 있음)

의장(부윤) : 35번 의원의 동의에 이의 없습니까.

(이의 없다고 말하는 자 있음)

의장(부윤) : 이의가 없다고 인정합니다. 제3독회를 개회합니다.

35번(中村) : 3독회를 여는 것에 관해서는 지난번 3독회의 심의를 보류중인 의제35호 및 의제47호부터 의제54호 및 의제36호 외 13건을 일괄해서 3독회의 심의를 동시에 진행할 것을 동의하고 제한합니다.

('찬성'이라고 말하는 자 있음)

의장(부윤) : 35번 의원의 동의에 이의 없습니까.

('이의 없음', '휴게'를 말하는 자 있음)

의장(부윤) : 이의 없다고 인정하고('진행, 진행'이라고 말하는 자 있음) 이것으로 지금이 동의는 성립했습니다. 안건 전부에 대해 제3독회를 하는 것으로 하겠습니다.

(독회 생략이라고 말하는 자 있음)

35번(中村) : 방금 의제가 된 의제35호 및 의제47호부터 의제54호, 위

　　원장이 보고한 의안 및 의제36호 외 13건은 의제65호, 의제66호 25개
　안건의 3독회를 종료하고 가결 확정할 것을 동의하고 제한합니다.
('찬성'이라고 말하는 자 있음)

의장(부윤) : 35번 의원의 동의에 이의 없습니까.

('이의 없음'이라고 말하는 자 있음)

의장(부윤) : 이의가 없다고 인정합니다. 의제47호부터 54호는 특별위
　원장이 보고한 대로 또 35호에서 37호, 의제39호에서 의제42호, 의
　제56호, 의제57호, 의제59호에서 의제61호, 63호, 의제74호, 의제65호
　및 의제66호 이상의 안건은 원안대로 가결 확정했습니다.

('잠시 휴게'라고 말하는 자 있음)

의장(부윤) : 잠시 휴게 하겠습니다.

(오후 3시 35분 휴게)
(오후 3시 50분 재개)

의장(부윤) : 지금부터 속회합니다. 의사일정 26호에서 28호, 의제67호,
　의제68호 및 의제62호 의안의 3건을 일괄해 의제로 삼겠습니다. 의
　안의 낭독은 생략하겠습니다. 지금부터 위 3건의 1독회를 개회합니
　다. 번외가 제안 이유를 설명하겠습니다.

(제안 이유 설명 생략)

35번(中村) : 의제67호, 68호, 62호는 독회를 생략하고 원안을 가결 확
　정할 것을 동의하고 제안합니다.

('찬성'이라고 말하는 자 있음)

의장(부윤) : 35번 의원의 동의에 이의 없습니까.

('이의 없음'이라고 말하는 자 있음)

의장(부윤) : 이의가 없다고 인정합니다. 의제67호, 68호, 62호는 가결 확정되었습니다.

의장(부윤) : 이어서 의사일정 29호에서 36호, 즉 의제55호, 의제58호, 의제73호, 의제64호, 의제69호, 의제70호, 의제71호, 의제75호 이상 8건을 일괄해 의제로 삼겠습니다.

의안의 낭독은 생략하겠습니다. 지금부터 위 8건의 제1회 독회를 개회합니다. 번외가 제안 이유를 설명하겠습니다.

(설명 생략)

35번(中村) : 의제로 되어 있는 의제55호, 의제58호, 의제73호, 의제64호, 의제69호, 의제70호, 의제71호, 의제75호는 독회를 생략하고 제안대로 가결 확정할 것을 동의하고 제안합니다.

('찬성'이라고 말하는 자 있음)

의장(부윤) : 35번 의원의 동의에 이의 없습니까.

('이의 없음'이라고 말하는 자 있음)

의장(부윤) : 이의가 없다고 인정합니다. 제안한 8건은 가결 확정되었습니다. 즉, 의제55호, 의제58호, 의제73호, 의제64호, 의제69호, 의제70호, 의제71호, 의제75호의 각 의안은 가결 확정되었습니다.

의장(부윤) : 의사일정 제37, 의제72호. 1936년도 경성부 일반회계 세입출 결산 및 각 특별회계 세입출 결산의 건 및 의견서가 4건 제출되어 있으므로 일괄해서 상정하겠습니다. 의안 및 의견서의 낭독은 생략하겠습니다. 지금부터 위 5건의 제1독회를 개회합니다.

35번(中村) : 의사진행상 일괄 제안했습니다만 72호는 독립하여 의제로 삼아 의견서를 일괄할 것을 동의하고 제안합니다.

('찬성'이라고 말하는 자 있음)

의장(부윤) : 35번 의원의 동의에 이의 없습니까.

('이의 없음'이라고 말하는 자 있음)

의장(부윤) : 이의가 없다고 인정되므로 72호를 분리하는 것으로 하겠습니다.

('설명 무용', '위원 부탁'이라고 말하는 자 있음)

35번(中村) : 1936년도 경성부 일반회계 세입출 결산 및 각 특별회계 세입출 결산의 건 내용을 신중하게 심의하기 위해 11명의 특별위원에게 부탁할 것을 동의하고 제안합니다. ('찬성'이라고 말하는 자 있음) 그리고 위원의 선임은 투표에 의하지 않고 관례에 따라 추천의 형식을 취하려고 생각합니다. 그리고 그 추천의 전형위원으로서 1번 의원, 3번 의원, 27번 의원에게 전형에 관해 일임하고 싶다는 동의를 제출합니다.

('찬성'이라고 말하는 자 있음)

의장(부윤) : 35번 의원의 동의에 이의 없습니까.

('이의 없음'이라고 말하는 자 있음)

의장(부윤) : 이의가 없다고 인정합니다. 전형위원은 1번, 3번, 27번으로 결정했습니다.

의장(부윤) : 특별위원을 전형하기 위해 잠시 휴게합니다.

(오후 4시 3분 휴게)

(오후 4시 10분 재개)

(이하 생략-원문)

의장(부윤) : 의사일정 38에서 41, 의견서 4건을 일괄해 상정합니다. 의견서의 낭독은 생략하겠습니다. 지금부터 위 4건의 제1독회를 개회합니다. 제안자의 설명을 부탁합니다.

(설명 생략)

35번(中村) : 본 의견서 3건은 제안자가 제안의 취지를 말했을 때는 동부 방면만의 문제는 아니고 일반 경성부의 각 방면에 마찬가지로 均霑시키는 것이라는 의견이라는 것을 개진하였습니다. 본건은 의견서의 취지를 철저하고 실현을 용이하게 하기 위해 상당히 내용 등을 연구할 필요가 인정되므로 72호 의안에 선임된 특별위원에게 11명 본 의견서도 마찬가지로 부탁할 것을 동의하고 제안합니다.

('찬성'이라고 말하는 자 있음)

의장(부윤) : 35번 의원의 동의에 이의 없습니까.

('이의 없음'이라고 말하는 자 있음)

의장(부윤) : 이의가 없다고 인정합니다. 의견서 동부방면 전화가설료의 통제에 관한 건, 동부방면 전차임금 통제에 관한 건, 조선시가지계획령에 의한 지역 결정의 건의 3건은 결산심사 특별위원 11명에게 부탁했습니다.

의장(부윤) : 의사일정 42 경성시가지계획 가로 중 일부 변경 자문에 대해 답신 의결의 건도 의제로 삼습니다.

　　의안의 낭독은 생략하겠습니다. 이에 따라 1독회를 개회합니다. 번외가 자문의 요지에 관해 설명을 하겠습니다.(설명 생략)

35번(中村) : 현재 의제가 된 자문안은 원안대로 가결 확정할 것을 동의로 제출합니다.

('찬성'이라고 말하는 자 있음)

의장(부윤) : 35번 의원의 동의에 이의 없습니까.

('이의 없음'이라고 말하는 자 있음)

의장(부윤) : 이의가 없다고 인정합니다. 따라서 답신안대로 가결 확정했습니다.

(이상 발췌-원문)

(하략-편자)

3) 1939년 3월 23일 경성부회 회의적록

항 목	내 용
문 서 제 목	京城府會會議摘錄
회 의 일	19390323
의 장	佐伯顯(부윤)
출 석 의 원	濱田虎熊(1), 上原誠治(15), 森安敏暢(17), 寶諸彌七(31), 加藤好睛(36), 木下榮(53), 鈴木文助(54) 등 출석의원 36명
결 석 의 원	
참 여 직 원	
회 의 書 記	
회 의 서 명 자 (검 수 자)	佐伯顯(부윤), 金泰濬(52), 木下榮(53)
의 안	의제22호~의제25호
문서번호(ID)	CJA0003366
철 명	경성부일반경제관계철
건 명	경성부시뇨유송설비비계속비연기 및 지출방법 변경의 건(경성부회회의록)
면 수	1
회의록시작페이지	398
회의록끝페이지	398
설 명 문	국가기록원 소장 '경성부일반경제관계철', '경성부시뇨유송설비비계속비연기 및 지출방법 변경의 건(경성부회회의록)'에 포함된 1939년 3월 23일 경성부회 회의적록

해 제

본 회의록(총 1면)은 국가기록원 소장 '경성부일반경제관계철', '경성부시뇨유송설비비계속비연기 및 지출방법 변경의 건(경성부회회의록)'에 수록되어 있는 1939년 3월 23일 열린 제7일차 경성부회 회의적록이다. 안건은 의제22호 1938년도 경성부 일반회계 세입출예산 추가경정의 건, 중앙도매시장 신설비 계속비 연기 및 지출방법 변경의 건에서 의제25호 시가지 계획 사업비 연기 및 지출방법 변경의 건이다. 제1독회를 속행해 馬場 부의장이 특별위원 13명을 발표해 승인을 요청하고 濱田 의원이 부민관 흥행문제 관해 폭탄질문을 했다. 이어서 加藤 의원과 木下 의원은 부민회장의 개선에 관해, 鈴木 의원은 屎尿 유송설비에 관해 질문했다. 이렇게 제1독회를 마치고 이후 독회를 생략하고 원안대로 가결했다. 이어서 제55의안 제1토지구획정리비 특별회계 세입출예산 경정의 건, 제59호 농량자금 특별회계예산 추가의 건에서 60호의안 부채 이월상환의 건을 모두 원안대로 가결하였다.[5]

이 회의록은 국가기록원 소장 CJA0003870 666쪽, CJA0003870 1031-1032쪽에 중복 수록되어 있다.

내 용

의장 : 출석의원 36명으로 정족수에 도달하였으므로 지금부터 개회합니다. (오후 2시 4분)

오늘의 의사일정은 인쇄하여 자리에 배부하여 드렸습니다. 그것으로 파악하시기 바랍니다. 그리고 회의록 서명 의원은 52번 金泰濬 의원, 53번 木下榮 의원에게 부탁합니다.

(중략-원문)

의장 : 의제22에서 의제25호 의안의 제1독회를 속행합니다.

1번 濱田 의원, 15번 上原 의원, 36번 加藤 의원, 53번 木下 의원, 54번, 鈴木 의원, 31번 寶諸 의원으로부터 질문이 있고 이에 대해 번외가 응

5)「京城府會第七日, 府民舘興行化問題紛糾爆彈的質問で賑ふ」,『京城日報』1939.3.24, 3면 참조.

답한 뒤

17번(森安)의원 : 달리 질문도 없는 것 같으므로 여기에서 제1독회를 중지하고 제2, 제3독회를 생략하고 원안대로 가결 확정할 것을 동의하고 제출합니다.

('찬성, 찬성'이라는 소리가 들림)

의장 : 17번 의원의 동의에 이의 없습니까.

('이의 없음'이라는 소리가 들림)

의장 : 이의가 없다고 인정합니다. 의제22호에서 의제25호 의안은 원안대로 가결 확정되었습니다.

(이하 생략-원문)

의제22호에서 의제25호는 3월 22일 1독회에 들어가 내무과장의 설명을 마쳤다.

2. 인천부회 회의록

1) 1934년 3월 24일 인천부회 회의록

항 목	내 용
문 서 제 목	仁川府會會議錄(第7日)
회 의 일	19340324
의 장	永井照雄(부윤)
출 석 의 원	後藤連平(1), 今村覺次郎(5), 壬生一夫(7), 金允福(8), 美濃谷榮次郎(9), 大石李吉(10), 杉野榮八(11), 代田繁治(14), 金鍾燮(16), 村田孚(17), 吉田秀次郎(19), 直野良平(20), 結城確次(21), 吉木善介(24), 淸田三郎(25), 樋渡兼三郎(27), 中條榮藏(28)
결 석 의 원	加來次夫(2), 神宮朴(3), 鄭泰翊(4), 金成運(6), 增井榮治(12), 伴康衛(13), 李昌雨(15), 趙基鎬(18), 金淇生(22), 中川哲(23), 永井房吉(26), 孫亮漢(29), 佐藤萬賀(30)
참 여 직 원	小野廣吉(내무과장), 森山淸吾(서무과장), 龜田市平(재무과장), 窪田秀雄(부속), 田村勝露夫(부속), 李根采(부속), 徐光烈(부속), 李承宰(부속), 堤熊次郎(부기수), 上田良藏(서기), 立川周作(서기), 松野宗義(서기), 難波半藏(서기), 堅山秀二(서기), 菊池德次(서기), 桐原傳資(서기), 朴容敦(서기), 阿武誠熊(기수), 小山三郎(기수), 高橋善司(기수), 太原靜藏(촉탁), 塚田正志(부회서기부속)
회 의 書 記	
회 의 서 명 자 (검 수 자)	永井照雄(부윤), 金鍾燮(16), 村田孚(17)
의 안	의제1호 1934년도 인천부 세입출예산 결정의 건, 의제2호 1934년도 인천부 호별세등급과율 결정의 건, 의제3호 1934년도 가옥세에 관해 가옥의 종별, 가옥세의 등급 및 부과율 결정의 건, 의제4호 오물소제청부에 관한 계약체결의 건, 의제5호 수산시장설치 출원의 건, 의제6호 수산시장관리 및 사용조례 설정의 건, 의제7호 수산시상부지 임대차계약 체결의 건, 의제8호 수산시장건축비 기채의 건, 의제9호 부리원조례 개정의 건, 의제10호 부리원봉급조례 개정의 건, 의제11호 부리원숙사료지급조례 개정의 건, 의제12호 특별세토지평수할조례 설정의 건,

	의제13호 위생시험수수료조례 설정의 건, 의제14호 수입증지 조례 개정의 건, 의제15호 부세조례 개정의 건, 의제16호 공회 당사용조례 개정의 건, 의제17호 경인도로개수비에 대해 도비 기부의 건, 의제18호 충혼비참도도로 축조자금적립조례 설정의 건, 의제19호 특별기본재산 퇴은료 유족부조료 기금설치 및 관리조례 설정의 건, 의제20호 인천부 공익질옥의 수지를 특별회계로 하는 건, 의제21호 1934년도 인천부 공익질옥특별 회계 세입출예산 결정의 건, 의제22호 공익질옥대부자금 및 건축비채차체 및 자금증액기채의 건, 의제23호 공익질옥조례 개정의 건, 의제24호 동양방적주식회사 인천분공장 유치공로자 宮林泰司 씨에 대한 감사장 증정의 건
문서번호(ID)	CJA0003049
철 명	인천부관계서류
건 명	인천부회회의록(제7일째)
면 수	37
회의록시작페이지	137
회의록끝페이지	173
설 명 문	국가기록원 소장'인천부관계서류'철, '인천부회회의록(제7일째)' 에 포함된 1934년 3월 24일 인천부회 회의록(제7일째)

해 제

본 회의록(총 37면)은 국가기록원 '인천부관계서류'철, '인천부회회 의록(제7일째)'에 수록되어 있는 1934년 3월 24일 열린 인천부회 회의 록(제7일째)이다.

인천부회 제6일차 회의는 23일 오후 2시 반부터 열려 세입 경상부 와 임시부의 제1독회를 마쳤다. 1)부세가 2만 1,372원이나 증가한 것, 2)도로면의 개량, 하수도의 신설 개량, 3)도로 광자의 신설 또는 확장 을 할 경우는 각 수익자에게 평수할을 부과하는 조례와 공익질옥의 사업을 적극화하여 민영질옥을 압박한다는 것이 문제가 되어 앞으로 더욱 분규를 보일 상태였는데 평수할 문제는 전원 위원에 의해 24일 정오부터 심의하고 같은 날 오후 2시부터 제7일째 부회가 열려 수산 시장 제2부제 조례안이 상정되었다.6)

이 회의록은 국가기록원 소장 CJA0003015 510-546쪽, CJA0003049 301-337쪽에 중복 수록되어 있다.

내 용

제출 의안

의제1호 1934년도 인천부 세입출예산 결정의 건

의제2호 1934년도 인천부 호별세등급과율 결정의 건

의제3호 1934년도 가옥세에 관해 가옥의 종별, 가옥세의 등급 및 부
　　　　과율 결정의 건

의제4호 오물소제청부에 관한 계약체결의 건

의제5호 수산시장설치 출원의 건

의제6호 수산시장관리 및 사용조례 설정의 건

의제7호 수산시상부지 임대차계약 체결의 건

의제8호 수산시장건축비 기채의 건

의제9호 부리원조례 개정의 건

의제10호 부리원봉급조례 개정의 건

의제11호 부리원숙사료지급조례 개정의 건

의제12호 특별세토지평수할조례 설정의 건

의제13호 위생시험수수료조례 설정의 건

---

6) 『朝鮮新聞』 1934.3.25, 3면. 24일 회의의 구체적 내용은 『每日申報』 1934.3.26, 4면
　참조.

의제14호 수입증지조례 개정의 건

의제15호 부세조례 개정의 건

의제16호 공회당사용조례 개정의 건

의제17호 경인도로개수비에 대해 도비기부의 건

의제18호 충혼비참도도로 축조자금적립조례 설정의 건

의제19호 특별기본재산 퇴은료 유족부조료 기금설치 및 관리조례
       설정의 건

의제20호 인천부 공익질옥의 수지를 특별회계로 하는 건

의제21호 1934년도 인천부 공익질옥특별회계 세입출예산 결정의 건

의제22호 공익질옥대부자금 및 건축비채차체 및 자금증액기채의 건

의제23호 공익질옥조례 개정의 건

의제24호 동양방적주식회사 인천분공장 유치공로자 宮林泰司 씨에
       대한 감사장 증정의 건

의장(부윤) : 지금부터 부회를 개최합니다.(오후 2시 1분) 정족수를 보
   고합니다.

번외(森山) : 출석의원 17명, 결석계 제출자 3명, 출결석 미정의원 3명
   입니다.

의장(부윤) : 부회는 성립했습니다. 오늘 서명의원은 16번, 17번 두 분
   에게 부탁하려고 합니다. 이의 없습니까.

('이의 없다'고 말하는 자가 있음)

의장(부윤) : 그러면 잘 부탁합니다.

19번(吉田秀次郎) : 그제 우리 의원 10명이 선임되어 어제 오전 9시부
   터 귀빈실에서 위원회를 개최했습니다. 제가 위원장에 선거되었기
   때문에 제가 위원회의 결과를 보고 드립니다. 각 자리에 보고서를

제출하였으므로 대체적인 것은 그것으로 이해하기기 바랍니다. 낭독할까요.

('낭독생략'이라고 말하는 자가 있음)

19번(吉田秀次郎) : 그러면 부디 보고서를 통해 이해하시기 바랍니다.

의장(부윤) : 위원장 보고에 질문이 있으시면 해주시기 바랍니다.

28번(中條榮藏) : 본 문제는 앞뒤로 6일간에 걸쳐 제1독회에서도 상당히 심의가 있었던 것입니다. 상당히 질문도 있었던 것이므로 선임된 10명에 의한 위원장의 보고대로 하고 본 문제는 제1독회를 마치고 싶습니다. 희망이나 의견이 있는 것은 원래 제2독회에서 충분히 심의하실 것인데 저는 찬성합니다.

('찬성하지 않는다', '위원장 보고에 질문 없다'고 말하는 자 있음)

의장(부윤) : 질의가 없는 것 같으므로 이것은 다른 의안과의 관계도 있으므로 질의가 없다는 정도로 그칩니다. 이어서 12호의안 이것은 전원위원회에서 계속하고 있으므로 위원장이 보고해주시기 바랍니다.

1번(後藤連平) : 12호의안의 위원장 보고를 합니다. 자리에 보고서를 배부한 대로이기 때문에 따로 읽지 않습니다. 신중히 심의한 결과 원안을 정당하다고 보고 원안대로 결정합니다.

의장(부윤) : 위원장의 보고에 질의가 없으면 …

('질의 없음'이라고 말하는 자 있음)

의장(부윤) : 의안 제1호 이하 23조에 이른 23개 의안은 모두 제1독회의 질의를 마쳤으므로 이것으로 제1독회를 마치려고 하는데 어떻겠습니까.

('이의 없다'고 말하는 자가 있음)

의장(부윤) : 그러면 제1독회를 마치려고 합니다. 이어서 제2독회에 들어가려고 하는데 이여에서 잠시 상담하려고 합니다. 제1호의안의 예산안은 숫자적인 것이고 또 부속 의안에 의해 영향을 받는 점이 많이 있으므로 부속 의안 쪽의 심의를 진행하고 …… 부속 의안 쪽을 제1호의안과 분리해 심의를 진행하는 편이 좋겠다고 생각하는데 의견은 없으십니까.

('이의 없다'고 말하는 자가 있음)

의장(부윤) : 그러면 이 의안 가운데 대체로 심의의 순서로 보아 제4호 의안이 지급을 요하는 문제이므로 4호의안을 하나 분리하고 이어서 의안 제5, 제6, 제7, 제8과 수산시장에 관한 것을 하나로 묶고 이어서 공익질옥에 관한 의안 가운데 제20호, 21호, 22호, 23호 이것을 하나로 묶고 이어서 나머지 부분을 하나로 묶어서 4회로 하여 의결하려고 하는데 어떻습니까.

('이의 없다'고 말하는 자가 있음)

의장(부윤) : 그러면 이의가 없는 것 같으므로 의사의 진행을 그러한 식으로 하고 마지막에 1호의안의 심의를 부탁하는 것으로 하겠습니다.

21번(結城確次) : 본안은 이미 1독회에서 충분히 질문을 했습니다. 이 문제는 이사자가 충분히 감독을 해서 유감이 없도록 하고 있는 일입니다. 여기에 우리들은 이미 1독회에서 의견에 유사한 질문도 충분히 하였기 때문에 나는 원안에 찬성합니다.

27번(樋渡兼三郎) : 지금 21번 의원이 말씀하셨듯이 오물소제청부에 관한 계약체결안은 제1독회에서 이의가 있는 점은 충분히 질문하였고 또 당국자로부터 응답이 있는 문제입니다. 그러므로 제2독회에서는 그렇게 의견을 말할 것도 없고 3독회에서 수정되는 일도 없을 것으로 생각합니다. 따라서 저는 21번 의원의 설에 찬성합니다. 독회를 생략하고 가결 확정할 것을 바라는 바입니다.

('찬성'이라고 외치는 자가 있음)

의장 : 정수의 찬성자가 있었기 때문에 동의가 성립하였습니다. 27번
　　의 동의를 의제로 삼겠습니다. 이의 없습니까?

('이의 없다'고 외치는 자가 있음)

의장 : 그러면 제4호의안은 가결 확정합니다.

　　이어서 두 번째로 제5호의안 및 제6, 7, 8호의안은 모두 수산시장에
　　관한 의안입니다. 그러면 일괄해 2독회를 열겠습니다. 그 전에 수정
　　동의가 제출되었으므로 보고 드리겠습니다. 지금 위원장으로부터
　　제5호의안과 제6호의안 두 안에 대한 수정안이 제출되었습니다. 이
　　것은 회의규칙에 따라 첫 번째로 의제로 삼아야 하는데 서기로 하
　　여금 낭독하게 할까요? 낭독을 생략할까요?

('낭독생략'이라고 말하는 자가 있음)

의장 : 다수 이의가 없는 것 같으므로 낭독을 생략하고 바로 이 동의를
　　의제로 삼겠습니다. 이에 관해 의견이 있으면 말해주기 바랍니다.

25번(淸田三郎) : 본건에 관해서는 이전부터 매우 적극적인 심의가 있
　　었기 때문에 다른 질의는 갖고 있지 않은데 종래의 영업자 혹은 다
　　른 자에 대해 충분히 이를 보완하는 것이 가능하다면 본안에 찬성
　　합니다.

의장 : 지금 의견의 내용은 조금 다른 것 같은데 … 지금은 수정안만
　　의 문제입니다.

25번(淸田三郎) : 수정안에는 이의가 없습니다.

21번(結城確次) : 저는 제1독회에서 冒頭에 의장에 대해 우리 인천부
　　회원의 직권을 위압하는 것 같은 언동이 있었던 점에 관해 제 견해
　　는 다를 지도 모르겠지만 …… 이때 수정된 것에 관해 아무런 이의
　　를 말하지는 않았지만 앞으로 이 문제가 문제이기 때문에 도지사
　　혹은 본부라는 말을 칭하며 또 우리 인천에서 원로가 개인적으로

道로 가서 의견을 피력하고 또 당국의 의견이 있는 바를 듣고 우리들에게 그 보고를 하였기 때문에 우리로서는 의견이 있는 것을 그대로 넘기고 아무것도 말하지 않고 단지 본부의 의견이기 때문에 이에 굴복하고 원안 그대로 통과시키는 것은 본안이기 때문에 …… 어쩔 수 없이 이번은 하게 되었다고 생각합니다. 앞으로 다른 의제에서 이와 같은 일은 우리 인천부회 의원의 권위에 관련이 있기 때문에 …… 저와 같은 젊은 사람이 이와 같은 일을 말씀드리면 각 의원에 대해 실례입니다만 …… 이 점은 우리 의원은 부의 대표이고 또 인천부의 복리증진을 꾀하는 자라고 하는 직책을 갖고 있다는 것을 잊지 말아야 합니다. 또 인천에서도 어떤 일이라도 난관에 접할 경우에는 도 또는 본부와 간담을 하여 무언가 그 점에 관해 위압적으로 말하지 않도록 희망하는 바입니다. 그리고 나아가 본안에 대해서는 우리들로서는 충분히 선배인 당사자 또는 이사자로부터 설명을 듣고 충분히 이해한 안입니다. 바라건대 우리 인천부민에게 특히 현재까지 종사해온 영업자에 대해 적어도 현재의 위치에서 불이익이 없도록 앞으로 실시하는 경우에 있어서도 충분히 고려하여 현재의 중매업자에 대한 수익을 고려해 실시할 것을 희망하며 본안에 찬성하는 바입니다.

의장(부윤) : 부윤으로서 지금의 의견에 대해 한 마디 말씀드립니다. 의견의 내용은 이해했습니다. 성의 성심껏 의견을 존중한 작정입니다.

14번(代田繁治) : 저는 지금 보고하신 위원회의 수정 동의, 이것과 제5호의안인 수산시장설치출원의 건이 서로 관련되어 있기 때문에 여기에서 저는 수산시장에 관한 의견을 잠시 말씀드리려고 합니다. 부디 잠시 동안 조용히 들어주시기 바랍니다. 나는 이번에 제출한 수산시장안에 관해서는 부민의 복리를 기조로 하는 생산, 판매, 소비의 3자의 합리적 공영을 신조로 하며 도매시장이라는 것은 어떠한 것인가, 또 무엇 때문에 새로 부영시장을 만들어야 하는 것인가, 그리고 또 이것과 관련해 시장의 기능 및 그 기구 등을 고찰한 다음 신중하게 심의를 거듭해 가장 적당한 것을 만들어내겠다는 관념 아래 여러 가지 질문을 말씀드린 것입니다. 원안에서 두 개의 시장을 만든다는 설명을 생각해보면 먼저 현재 부민의 다수를 포함하는 도매업자, 중매인 및 소매인까지가 부외의 어업자의 진행에 의해 어느 정도의 이익을 빼앗기고 있다는 점 및 부민인 소비자의 이익을 보호한다는 것은 곤란한 일이 아닌가 생각합니다.

그 이유는 1929년 식산국장이 각 도지사에게 통첩한 다음과 같은 내용이 있습니다. "1. 현재 어업조합이 설치된 지방에 있어서는 그 조합에서 어획물 공동판매사업의 실시를 장려하고 어시장은 새로 설치하지 않을 것. 2. 앞으로 어업조합을 설립하는 것이 적당한 지방에 대해 시장규칙 제20조에 따라 어시장의 설치를 허가하려는 경우에는 어업조합에서 어획물의 공동판매사업의 실시를 방해하지 않도록 적당한 조건을 붙일 것"이라고 되어 있기 때문에 이 통첩의 주된 취지로부터 생각해보면 어업자를 보호하는 방침에 따라 종래의 상인인 시장영업자에게 대신하게 할 지, 또는 공동판매소를 시장 안에 허가하는 것을 타진할 수 있습니다. 그 경우 현재의 상인에게 영향이 없다고는 할 수 없습니다. 또 생산자와 소비자는 입장이 다르기 때문에 그리고 이해도 상반된다는 것은 말할 필요도 없기 때문에 시장이라는 것은 생사자의 단체인가 또는 소비자의 단체가 영업하여 가격의 통제 내지 판매 통제 등을 하는 것으로 된다면 시장의 기능으로서 필요한 공정한 평가라는 것은 구할 수 없는 것입니다. 나는 어업자인 생산자를 보호하는 방법은 달리 얼마든지 있다고 생각합니다만 그 보호하는 방법을 현재 시장인 도매상인에게 대신하게 하는 것이 좋은지 나쁜지 정책방침의 가부를 여기에서 논하는 것은 하지 않겠습니다. (중략-편자)

의장(부윤) : 의견이 있으면 받겠습니다.

5번(今村覺次郎) : 저의 의견을 간단히 말씀 드리겠습니다. 처음에 제안할 당시 나도 반대 의견을 갖고 있었습니다만 그 사이 비밀회 등에서 설명을 듣고 본 제안은 역시 어쩔 수 없는 안이라고 생각합니다. 지금에는 반대 의견을 갖고 있지 않다는 점을 표명합니다.

의장(부윤) : 찬성 의견, 반대 의견이 있었습니다만 그 밖에 ……

20번(直野良平) : 나는 일괄 상정된 안에 대해서 찬성의 의견을 말하며 동시에 부대결의를 하기를 바랍니다.

의장(부윤) : 부대결의입니까.

20번(直野良平) : 결의의 동의로서 …… 이번에 제안된 각 호의 제안은 우리 부민의 일상생활에 즉하여 정말로 시의 적절한 제안입니다. 우리가 일상생활에서 무엇을 가장 요구하는가 말하자면 일상생활이 가장 쉽고 편하다는 한 가지입니다. 우리들 일상생활에서 의식주라는 말이 사용되고 있는데(잡담이 일어나 의장이 소란스러움) 의주 …… 입는 것과 사는 것을 별도의 문제로 치고 우선 우리들에게 긴급 불가결한 것은 食의 문제일 것이라고 생각합니다. 어떠한 도시에 거주하더라도 우선 이 식이 충족되는 것에 따라 편안히 살 수 있는 것이라 생각합니다.

(하략-편자)

2) 1938년 3월 18일 인천부회 회의록

항 목	내 용
문 서 제 목	仁川府會會議錄
회 의 일	19380318
의 장	永井照雄(부윤)
출 석 의 원	伴康衛(1), 宋雲學(2), 大石季告(3), 村田孚(6), 金泰勳(7), 樋渡兼三郎(8), 宋在鵬(9), 鄭旭鉉(10), 代田繁治(11), 宋炳喆(14), 張光淳(15), 安基榮(16), 金泰性(18), 吉木善介(19), 吉岡久(20), 金允福(24), 淸田三郎(25), 金鍾燮(26), 生田鉄造(28), 小谷益次郎(29), 中條榮藏(30)
결 석 의 원	直野良平(4), 金澤圭(5), 黃潤(12), 田中嘉七(13), 今村覺次郎(17), 吉田秀次郎(21), 결원(22), 결원(23), 向井最一(27)
참 여 직 원	米原光太(내무과장), 熊本武彦(서무과장), 今岡修一(재무과장), 守山春市(토목과장), 難波半藏(주사), 上田良藏(주사), 阿武誠熊(기사), 矢野一男(기수), 佐藤直之(기수), 太原靜藏(촉탁), 草留軍治, 阿部善之助, 淸野政吉, 武田富次郎, 玉利乙吉, 李相顥, 竪山秀二, 城愛三, 毛利惠一, 馬場崎光雄, 此本民藏(이상 서기)
회 의 書 記	守屋暹(부속)
회의서명자 (검 수 자)	永井照雄(부회의장), 小谷益次郎(29), 中條榮藏(30)
의 안	의제9호 1938년도 인천부세입출예산 결정의 건, 의제10호 부립 德生院사용조례 개정의 건, 의제11호 인천부 仁川閣사용조례 제정의 건, 의제12호 부동산매각처분의 건, 의제13호 1938년도 기본재산축적 정지의 건, 의제14호 인천부 부세조례에 따라 1938년도에 부과해야 할 부가세의 과율 및 특별영업세의 과세표준 및 과율 변경의 건, 의제15호 부동산 매각처분의 건, 의제16호 수산시장건축비 이월상환의 건, 의제17호 인천부 제1회 공채이월상환의 건, 의제18호 인천부 북부 간선도로 및 하수공사비 기채의 건, 의제19호 인천부 松峴町 앞바다 해면매립공사비 계속비 계획 변경의 건, 의제20호 인천부 송현동 앞바다 해면매립지를 매각할 때 수의계약을 할 수 있는 조례 제정의 건, 의제21호 인천부 萬石町 猫島 남측 앞바다 공유수면매립의 건, 의제22호 인천부 만석정 묘도 남측 해면매립지 및 만석정 3-3 대지 외 4필지의 토지를 매각할 때 수의계약을 할 수 있는 조례 제정의 건, 의제23호 인천부 북측해안철도의 위

	탁경영에 관해 철도국장과 계약체결의 건, 의제24호 인천부 花水町 및 만석정 앞바다 해면매립지를 매각할 때 수의계약을 할 수 있는 조례 개정의 건, 의제25호 인천부 貯木場사용조례 제정의 건, 의제26호 1936년도 인천부 공익질옥 특별회계 세입 출결산 보고의 건, 의제27호 1938년도 인천부 공익질옥 특별회 계 세입출예산 결정의 건, 의제28호 1937년도 인천부 세입출예 산 추가의 건, 의제29호 인천부 북측해안 철도지선 경영에 관 해 일본차량제조주식회사로부터의 기부채용에 관한 건, 의제 30호 인천부 송현정 앞바다 해안매립지 매매계약에 관한 건, 의제31호 인천부 만석정 남측 앞바다 해면매립지 매매계약에 관한 건.
문서번호(ID)	CJA0003367
철 명	인천개성부일반경제관계철
건 명	인천부 북부간선도로 및 하수공사비기채의 건(회의록)
면 수	47
회의록시작페이지	609
회의록끝페이지	645
설 명 문	국가기록원 소장 '인천개성부일반경제관계철', '인천부 북부간 선도로 및 하수공사비기채의 건(회의록)'에 포함된 1938년 3월 18일 인천부회 회의록

해 제

본 회의록(총 47면)은 국가기록원 소장 '인천개성부일반경제관계철', '인천부북부간선도로 및 하수공사비기채의 건(회의록)'에 수록되어 있 는 1938년 3월 18일에 열린 인천부회 회의록이다.

이날 회의는 인천부회 제7일째 회의로 오후 1시부터 예산안 세입 경상부 제1관부터 심의를 시작하였고 電柱문제, 수도문제, 저수장, 德 生院, 仁川閣, 松峴시장, 공익질옥 관련 사항 등이 거론되었다. 인천부 북부간선도로 및 하수공사비기채의 건이 논의되었다. 3월 18일 회의에서는 의제28호까지 심의를 마쳤다.

내 용

의안 :

의제9호 1938년도 인천부세입출예산 결정의 건

의제10호 부립 德生院사용조례 개정의 건

의제11호 인천부 仁川閣사용조례 제정의 건

의제12호 부동산매각처분의 건

의제13호 1938년도 기본재산축적 정지의 건

의제14호 인천부 부세조례에 따라 1938년도에 부과해야 할 부가세
　　　　의 과율 및 특별영업세의 과세표준 및 과율 변경의 건

의제15호 부동산 매각처분의 건

의제16호 수산시장건축비 이월상환의 건

의제17호 인천부 제1회 공채이월상환의 건

의제18호 인천부 북부 간선도로 및 하수공사비 기채의 건

의제19호 인천부 松峴町 앞바다 해면매립공사비 계속비 계획 변경의
　　　　건

의제20호 인천부 송현동 앞바다 해면매립지를 매각할 때 수의계약
　　　　을 할 수 있는 조례 제정의 건

의제21호 인천부 萬石町 猫島 남측 앞바다 공유수면 매립의 건

의제22호 인천부 만석정 묘도 남측 해면매립지 및 만석정 3-3 대지
　　　　외 4필지의 토지를 매각할 때 수의계약을 할 수 있는 조
　　　　례 제정의 건

의제23호 인천부 북측해안철도의 위탁경영에 관해 철도국장과 계약

체결의 건

의제24호 인천부 花水町 및 만석정 앞바다 해면매립지를 매각할 때
　　　　수의계약을 할 수 있는 조례 개정의 건

의제25호 인천부 貯木場사용조례 제정의 건

의제26호 1936년도 인천부 공익질옥 특별회계 세입출결산 보고의 건

의제27호 1938년도 인천부 공익질옥 특별회계 세입출예산 결정의 건

의제28호 1937년도 인천부 세입출예산 추가의 건

의제29호 인천부 북측해안 철도지선 경영에 관해 일본차량제조주식
　　　　회사로부터의 기부채용에 관한 건

의제30호 인천부 송현정 앞바다 해안매립지 매매계약에 관한 건

의제31호 인천부 만석정 남측 앞바다 해면매립지 매매계약에 관한 건

의장(부윤) : 지금부터 회의를 개회합니다.(오후 1시 5분)
　　정족수를 보고 드립니다.

번외(守屋) : 정족수를 보고합니다. 출석의원 15명, 결석계 제출 3명,
　　출결 미정 10명 이상입니다.

의장(부윤) : 회의는 성립했습니다. 오늘 서명 의원은 29번 小谷 씨, 30번
　　中條 씨에게 부탁드립니다. 이의 없습니까.

('이의 없음'이라고 말하는 자 있음)

의장(부윤) : 그러면 부탁드립니다.

의장(부윤) : 의안은 이어서 제9호 세출은 대체로 경상, 임시 모두 거
　　의 마쳤으므로 오늘은 세입 경상부 제1관부터 시작합니다.

번외(熊本) : 재산으로부터 발생하는 수입에 관해 설명 드립니다. 기
　　본재산 수입에 있어 1,330원을 증가했습니다. 제1목 貸地料에서 대
　　지의 감소에 따라 약 1천 원을 감액하고 예금이자에서 2,400원 증가

한 것은 원금의 증가에 의한 증액입니다. 특별기본재산의 증가는 인원의 증가에 의한 예금이자의 증가입니다. 적립금 수입에 의한 것은 근소합니다만 적립금의 원금의 증가에 의한 것입니다. 그 밖의 재산수입에 있어 감액은 대체로 면적의 감소, 해면매립지의 감소 등이 주된 이유이며 이들 4항목을 제외하더라도 763원의 감소로 되어 있습니다.

의장(부윤) : 이해가 안 되는 부분이 있을 것으로 생각하는데 재산수입 가운데 대지료에서 종래 花町, 宮町의 매립을 급속히 하여 빌려주려고 예정하였으나 이번에 예정을 변경하여 그곳에 건물을 세우는 것으로 변경하였기 때문에 감액한 것입니다. 매립이 줄어든 것은 아니고 빌려주는 면적이 줄어든 것입니다. 그럼 질문하시기 바랍니다.

18번(金) : 적립금을 합하면 17만 5천 원이 됩니다만 정기예금을 한 은행명을 질문합니다.

번외(熊本) : 식산은행, 상업은행입니다.

18번(金) : 금액을 알 수 있습니까.

번외(熊本) : 지금 바로 답변을 할 수 없지만 조사한 다음 답변하겠습니다.

18번(金) : 이 정기예금에 관해 질문하고 싶은 것은 시민의 금융기관으로 자주 이용하고 있는 금융조합에 예금하고 있지 않은데 장래 예금하실 의사는 있는지 질문합니다.

의장(부윤) : 금융조합에도 단체라든가 소액의 것은 하고 있습니다. 그리고 특별한 경우에는 계약하여 이용하는 적도 있습니다.

29번(小谷) : 이 예산편성의 형식이 잘 결정되어 있기 때문에 이것을 어떻게 할 수 없다고 생각하지만 부민이 매우 곤란해 하는 것은 부

영사업인 매립에서 아무 벌고 있다고 해도 이 예산에서 찾으려고
하면 그것뿐 특별히 조사해 보지 않으면 도무지 알 수 없는 이 예산
편성의 형식이라면 토지를 매립하고 그 청부금액도 세금도 모두 뒤
섞여버리는 듯한 예산편성의 방식입니다. 그 때문에 특별한 수지계
획을 명확히 하고 이익인지 손해인지를 찾으려고 해도 완전히 알
수 없지만 무언가 방법은 없는 것입니까. 또 앞으로 부영사업이 점
차 나오고 있는데 그러한 경우에는 어떻게 합니까.

의장(부윤) : 관청의 처리방식은 공공단체부터 국가에 이르기까지 그
렇게 되어 있어서 그것만 하나 별도로 수지계산서를 만들면 알 수
없지요.

26번(金) : 그러한 표가 있습니까.

의장(부윤) : 나는 언제라도 (내용을) 압니다.

('진행'이라고 말하는 자가 있음)

의장(부윤) : 제2관 사용료 및 수수료로 이동합니다.

번외(今岡) : 사용료 및 수수료에 관해 설명 드립니다. 제1항 도로사용
료에서 증가가 있습니다. 주된 것은 도로면적의 증가에 의한 것입
니다. 이어서 공원사용료에서 감액된 것이 있는데 이것은 월미도에
서 노점을 허가하지 않기 때문에 줄어든 것입니다. 전염병원수입입
니다만 410원의 증가로 되어 있는데 이것은 입원료의 증액을 전망
한 것입니다. 이어서 도장사용료는 전년과 마찬가지이며 피혁건조
장사용료를 말씀드리면 이것은 종래의 실적에 비추어 사용자가 줄
었기 때문에 감액으로 되어 있습니다. 이어서 수도수입에서 약 2만
원 정도 증가가 있는데 이것은 전용급수를 한 결과입니다. 이어서
공설운동장사용료는 대체로 전년도와 마찬가지입니다. 또 공회당사
용료도 마찬가지입니다. 仁川閣 수입에서 증가가 있는데 이것은 11호

의안으로 제안하고 있습니다. 공동숙박소사용료는 전년과 마찬가지입니다. 이어서 시장사용료에서 감액이 있는데 이것은 수산도매시장사용료를 폐지했기 때문입니다. 이어서 貯木場사용표입니다만 이것은 25호 의안에 제안하고 있습니다. 오물소제수수료입니다만 이것은 금년도부터 시작한 것으로 12년도의 실적을 통해 보면 대체로 이 정도의 수입이 있을 것으로 인정하여 계상했습니다. 독촉수수료는 전년과 마찬가지입니다.

의장(부윤) : 질문하시기 바랍니다.

26번(金) : 사용료 및 수수료의 제1항 도로사용료에 관해 질문합니다만 종래 부유도로를 빌려줄 때 무방침 … 이라고 말하면 어폐가 있을지 모르겠지만 내가 지난해 회계검사를 할 때에 수수료의 연체가 많아서 곤란하게 되었던 것 같은 느낌을 받았습니다. 적어도 이러한 도로를 빌려줄 때에는 기초가 확립된 공공단체 같은 곳에 빌려준다면 이 사용료도 확실할 것으로 생각합니다. 종래에는 어떠한 관계인지 모르겠지만 1개인의 영업 목적을 위해 빌려주는 경향이 있었다고 생각합니다. 장래 이 방면에 관해 생각하고 있습니까. 그리고 電柱 문제입니다만 이전부터 여러 가지 시내버스 문제도 논의되었습니다만 이 전주 하나에 대해 97원이라는 것은 어떻게 산정하여 나온 것입니까. 인천부로서 특수한 재정관계를 고려한 것인지 이 97전은 아무래도 다른 도시의 사례를 취한 것은 아닌가 하는 생각이 드는데 어떻습니까.

번외(守山) : 종래의 도로 대부분은 주로 특별한 도로, 예를 들면 花町 매립지 앞에 만들어진 도로는 일반의 교통에 제공하지 않아도 좋아 이것은 京東철도에 대부하고 있으며 혹은 米倉의 引入線에 대부하고 있는 것은 정해져 있는 바입니다. 그 밖의 것에 있어서는 대체로 개인의 출원에 속하는 것이 많이 있으며 공공적 단체에서 출원하고 있는 것은 거의 없습니다. 단 그러한 식의 출원이 양쪽에서 장래 있다고 한다면 그 내용을 잘 검토하여 그렇게 전말을 할 수 있는 대부를 하려고 생각하고 있습니다. 그리고 전주 하나 당 숫자에 관해서는 나중에 대답하겠습니다.

26번(金) : 하나 당 얼마가 아니라 산정의 기초입니다.

번외(守山) : 알겠습니다.

의장(부윤) : 잠시 말씀드리겠습니다. 잡종세 가운데 전주세와는 다릅니다. 확실히 작년 무렵부터 받게 된 것으로 생각합니다만 道內를 통해 전 전주가 서 있는 곳은 도로사용료를 받지 않았습니다. 그것을 지난해인가부터 받게 되었습니다.

26번(金) : 그 근거는 무엇입니까.

번외(守山) : 대체로 기억하기로는 전주 1미터 정도라는 식으로 대부하고 있는 것으로 계산을 하고 있습니다.

의장(부윤) : 의장으로서 말씀드리는데 아무래도 질문이 한 쪽으로 치우치는 것 같습니다. 가능한 한 골고루 해주십시오.

15번(張) : 사용료 및 수수료의 문제입니다만 최근 인천의 지가도 등귀하여 府로서 도로사용료를 부과할 경우 그 도로의 가격을 표준으로 사용료를 부과합니다만 우리 인천은 앞으로 도시계획서라든가 여러 가지 문제로 그 부근의 개인 소유지를 매수하여 도로를 확장하는 일이 다분히 있을 것으로 생각하는데 해마다 본 규정을 가지고 가격을 표준으로 사용료를 부과할 경우에는 그 부근 사람은 같은 가격으로 이것을 매매하지 않으면 안 된다고 생각합니다. 역시 그러한 경우의 사용료를 부과한 가격을 가지고 개인의 것을 매수할 방침입니까. 이어서 수도수입입니다만 이것은 여러 가지 연구를 할 여지가 있는 문제입니다. 그 일례로 그 부근의 사람을 모아서 조합을 만들고 그 조합에서 무언가 조사해 각 개인에게 할당하고, 그 중간에서 그 사람이 어떠한 것을 하고 있는 지 각 개인은 좀처럼 그것을 알 수 없습니다. 각 개인이 부담하듯이 전용부담을 한다는 것은 단지 이름뿐이고 이러한 자는 인천 시내에 상당히 있습니다. 이 제도를 개선할 여지가 있을 것입니다. 이어서 오물소제입니다만 부로서 오물소제를 한 경험으로 보아 어떠한 점을 개선하는 지 질문합니다.

번외(守山) : 지금 제1 질문인 도로사용료를 산정하는 경우에 그 지가를 정하는 가격을 정하는 산정이 경기에 의해 오른 가격을 그대로 대부하는 것으로 한다면 매수 시에는 반드시 그러한 가격에 살 수는 없다고 생각합니다. 그리고 또 사용료의 산정을 할 경우에 그 토지의 가격은 그 당시의 매매가격을 취해도 지장이 없지 않을까 생각합니다. 매매의 실례에 의해 정해진 가격에 따르더라도 지장이 없지 않을까 생각합니다. 그렇지만 매매한 자는 그 토지에서 영업을 하기 위해 특정하게 정하고 매매를 할 경우가 있습니다. 그러므로 이쪽에서도 도로부지로써 매수할 때에 반드시 그 가격에 따르지 않더라도 좋다고 생각합니다.

의장(부윤) : 현재의 공설공용전에 대한 의혹입니다만 그것은 부에서는 가능한 한 1지구의 물을 사용하는 자가 하나의 조합을 만드는 것이 원칙입니다만 어떻든 인천은 사람이 이동이 많이 있습니다. 그래서 조합원의 수도 적어지는 형태입니다. 그러하므로 조합에 들어가 있지 않은 사람은 모른 것이라고 생각합니다. 그러나 가능한 한 우리 쪽에서는 앞으로 조합원에게 그러한 사정을 알리도록 노력을 하겠습니다. 그리고 분뇨의 흡취수수료에 관해서는 지금 바로 이 사용료를 올리거나 내릴 생각은 갖고 있지 않은데 단, 산정의 시작과 끝 시기에 관해서는 생각하고 있습니다. 말씀드리는 것은 너무나 이동이 격하고 조정에 매우 손이 많이 가기 때문에 대체로 4월을 표준으로 결정하고 그리고 1년간 적용합니다. 그리고 매우 큰 이동 대체로 갑과 을 두 개로 나누고 있는데 큰 이동이 있다면 대체로 그렇게 가는 것으로 됩니다만 매우 손이 많이 간다는 점은 생각하고 있습니다.

20번(吉岡) : 전염병원의 수입이 작년부터 410원 늘고 있는 것은 입원환자가 많다는 설명인 것 같은데 1937년도 2월 말 현재에는 어느 정도 입원환자가 있었습니까.

의장(부윤) : 20번 의원이 말씀하셨는데 올해 늘어난 것은 별안에서 심의를 부탁하는 것으로 되어 있으므로……

20번(吉岡) : 그러면 다른 부분에서 질문하겠습니다. 이어서 제5항의 우피건조장사용료입니다만 1936년도에 2,500원, 1937년도에 1,500원으로 되어 있는데 이것이 어느 정도인지를 먼저 질문합니다. 그리고 우피건조장은 매우 새로운 일로 부윤도 크게 주력하여 우리들은 매우 성적도 좋을 것으로 생각했습니다. 아무래도 그다지 성적은 좋지 않은 것 같습니다. 비상시인 현재의 시세로부터 보아 본 사업은 매우 필요한 사업이라고 생각합니다. 부가 이것을 경영한다고 하여 본 사업의 장래성에 관해 어떠한 전망을 갖고 있는지 부윤의 의견을 듣고 싶습니다.

번외(草留) : 우피건조장의 사용 상태에 관해 답변합니다. 이번 달 11일 현재에 938원으로 되어 있습니다.

의장(부윤) : 우피건조장을 만든 것은 안내한 대로 그것은 屠獸場에서 예산을 세웠습니다만 실행해보니 의외로 여러 가지 사정으로 쉽게 이루어졌습니다. 그러한 돈이 남았기 때문에 우피건조장을 만들어 이번에는 가죽의 개선을 해보려고 했던 것입니다. 그 당시의 의욕적으로 한 것은 현재 부내에서 하고 있은 것을 모두 그곳에 가서 할 예정이었는데 우피의 건조를 영업으로 하는 자의 허가권이 도청에 있기 때문에 어떻게 해서라도 허가에 대한 우리 쪽의 생각대로 하려고 한 것입니다. 그렇기 때문에 道 쪽에서도 산업적 입장에서 말하자면 현재와 같은 방법으로는 좋은 것이 만들어지지 않고 경기도 전체에 보급하려는 의사를 한편에서는 갖고 다른 한편에서는 허가가 경찰에 있다고 하여 거기에 하나의 모순이 있습니다. 그러나 현재에 있어서도 그것은 해소되지 않고 있습니다. 그러한 것으로 강제적으로 여기에 들어가게 하는 것이 가능하지 않은 것입니다. 또 하나는 종래 업자가 여러 가지 貸付를 하고 있다는 것입니다. 우피건조를 하고 있는 무리들이 소를 사는데 前借를 하고 있는 연고가 있고 그로부터 가죽을 융통하고 있습니다. 거기에선 우리 쪽에서는 여러 가지 그러한 일이 없도록 자금의 융통 등에 관해 노력하고 있는데 오랫동안 깊이 뿌리를 내리고 있는 습관은 용이하게 해소되지 않습니다. 그래서 처음의 계획대로 되지 않기 때문에 작년은 대량 폐사했습니다만 아직 예정에 도달하지 못한 것입니다. 그러나 현재에는 점차로 잘 되고 있고 올해는 실재의 수치가 오르고 있고 이러한 부분이 정말로 늘고 있다는 것입니다. 우피건조장은 현재 비상시이기도 하여 훌륭한 가죽을 공급하는 것이 국가적으로 생각하더라도 필요한 일이기 때문에 이것에 어떠한 장해가 있다고 해도 이 방침을 곧바로 관철하려고 하여 좋은 가죽을 생산하고 싶습니다.

15번(淸田) : 나는 제6항 수도수입에 관해 질문합니다. 지금 설명하신 바에 따르면 2만 원의 증수는 전용급수가 증가했다는 것으로 들었

습니다만 종래 인천은 수도료가 매우 비싸다고 들었습니다. 또 한편으로 수도는 매우 돈을 벌고 있다고 들었습니다. 물은 위생상으로부터 말하더라도 부민에게 없어서는 안 되는 것입니다. 그러나 실제에 있어 나는 전용급수는 비싸다고 생각하고 있습니다. 경성의 전용급수 또는 공동수전 등의 실례를 제시하기 바랍니다. 나아가 또 하나 부가하여 질문합니다만 2,3년 전에 수도를 조금 인하하여 주도록 말하였는데 실제로 조금 비싼 것으로 생각합니다. 가격 인하를 할 의사는 없습니까.

번외(大原) : 수도요금은 경성의 것이라도 좋겠습니까.

15번(淸田) : 괜찮습니다.

번외(大原) : 경성은 9입방미터까지 1원 15전, 인천은 12입방미터까지 1원 80전입니다.

의장(부윤) : 답변합니다. 경성과 인천의 차이는 함께 볼 수 없다고 생각합니다. 경성은 가까운 곳에서 끌어올려 곧바로 가지고 오는 것이고 인천은 11리라는 장거리를 구불구불 흐르게 해서 가져오는 것이기 때문에 거기서 다소 다르다고 생각합니다. 대체로 인천의 수도료는 실제 내용을 말씀드리면 수도에는 너무 돈을 들이지 않고 받는 것이고 다른 곳은 모두 기채를 하여 운영하고 있습니다. 인천이 좀 더 싸지 않은 것은 종래 인천의 경제의 기초는 부세입니다만 그 부세와의 사이에 다른 곳과 같이 잘 이루어지지 않는 부분이 상당히 있습니다. 그러한 까닭으로 즉 부세의 대리를 이 수도료가 하고 있는 것이므로 그것은 상당히 생각하지 않으면 안 됩니다. 인천의 장래 경제가 충분히 발전한다면 상당히 감액하더라도 좋을 것으로 생각합니다. 부윤으로서는 공업용수 즉 공업에 필요한 것은 내년도부터 일시에 하려고 생각하는데 다른 도시와 비교하여 공업용수는 인천이 가장 싸고 또 싼 것에 대체로 비슷한 정도까지 내리려고 생각하고 있습니다. 그 밖은 인천 경제가 상당히 전망이 설 때까지 인하하지 않을 예정입니다. 평양과 인천을 비교하면 평양이 싼 것처럼 선전하고 있습니다. 그러나 실제를 조사해보면 인천이 쌉니다. 그러한 모순을 세간에서는 선전을 하고 모두가 인천은 비싸다고 도쿄까지 선전하고 있는데 실제를 보면 경성보다도 싼 결과로 되어 있습니다. 그러한 것인데 어쨌든 장래는 지금 말씀드렸듯이 공업용수에 관해서는 상당히 인하하려 하고 부의 용수는 잠시 이대로 둔다는 방침을 취하려고 생각하고 있습니다.

19번(小谷) : 오물소제에 대한 수수료는 어느 정도 일반재산 쪽에서 나옵니까. 그것은 정해져 있습니까.

의장(부윤) : 그것은 정해져 있지 않습니다. 그것은 자신의 집에 공동 塵留場을 설치하고 공동의 장소까지 가지고 나오는 부분을 부담해야 합니다. 또 공동 분뇨치장까지 본인이 가지고 와야 합니다. 가지고 온 것을 府가 운반해 가는 것입니다. 그렇게 하면 많은 비용을 부민에게 부담해야만 합니다. 어느 쪽인가 말씀드리면 현재 취하고 있는 분뇨의 요금의 부담해야 할 것 이상의 돈이 들고 있는 것은 아니고 매우 싼 돈이 들고 있습니다.

19번(小谷) : 금년 수수료는 어떠한 식으로 결정합니까.

의장(부윤) : 조례에 따라 결정합니다만 8만 원이라는 것은 조례에 따라 결정했습니다.

19번(小谷) : 부족한 만큼은 일반재정에서 나오는 것이 되네요.

('진행'이라고 말하는 자 있음)

15번(淸田) : 또 하나 질문합니다만 수산시장은 없어진다는 이야기가 있었습니다. 그렇게 되면 송현시장의 사용료와 수산시장의 사용료는 어떤 식으로 됩니까.

의장(부윤) : 수산도매시작의 사용료는 합쳐서 6천 원입니다.

15번(淸田) : 松峴시장은 어떻습니까.

의장(부윤) : 松峴시장은 2월 말까지의 합계가 6,531원 12전으로 되어 있습니다.

15번(淸田) : 예산을 어떻게 되어 있습니까.

번외(今岡) : 9,520원입니다.

(하략-편자)

3. 함흥부회 회의록

1) 1937년 3월 23~26일 제29회 함흥부회 회의록

항 목	내 용
문 서 제 목	第29回 咸興府會會議錄 拔抄
회 의 일	19370323~19370326
의 장	關藤唯平(부윤)
출 석 의 원	大川市二(1), 劉泰高(3), 張潤河(4), 金達林(5), 李曦燮(6), 朴鼎鉉(8), 九貫政二(10), 木村重樹(11), 金夏涉(12), 金基憲(13), 權宅周(14), 森田泰佑(15), 佐田實(16), 渡邊利一(17), 李衝宋(18), 手平良藏(20), 篠崎新(21), 李翊華(22), 田村武治郎(23), 姬野關太郎(24), 池田金治郎(26), 中原正作(27)
결 석 의 원	齋地健治郎(19)
참 여 직 원	宮川庄太郎(부속), 涌澤元三郎(부기사)
회 의 서 기	
회 의 서 명 자 (검 수 자)	關藤唯平(부윤), 篠崎新(21), 李翊華(22)
의 안	의제1호 1937년도 세입출예산, 의제4호 함흥부 진료소사용조례 설정의 건, 의제6호 함흥부 공회당사용조례 설정의 건, 의제7호 오물소제신영사업비 기채의 건, 의제8호 함흥부 공익질옥자금 기채의 건, 의제9호 함흥부 시가지계획사업비 기채의 건, 의제10호 토지평수할을 부과할 공사의 노선 및 부과율 결정의 건, 의제16호 부동산처분의 건
문서번호(ID)	CJA0003276
철 명	함흥부일반경제관계서철
건 명	제29회함흥부회회의록
면 수	4
회의록시작페이지	238
회의록끝페이지	241
설 명 문	국가기록원 소장 '함흥부일반경제관계서철', '제29회함흥부회회의록'에 포함된 1937년 3월 23일 제29회 함흥부회 회의록 발췌

해 제

본 회의록(총 4면)은 국가기록원 소장 '함흥부일반경제관계서철', '제
29회함흥부회회의록'에 수록되어 있는 1937년 3월 23일 열린 제29회
함흥부회 회의록의 발췌이다. 3월 24일, 25일, 26일의 회의록이 함께
발췌되어 있다.

신문기사에 따르면 함흥부 제29회 통상부회는 부청 회의실에서 23일
오후 1시부터 개최되어 부윤의 연설로 시작되어 1937년도 함흥부 세
입출예산안 등 각 의안이 상정되었다. 1937년 최대 사업부분은 시가지
계획사업비 254만 6,927원이고 이를 공제하면 다소 긴축해야 할 것인
데 긴축하는 가운데에서도 신규사업으로서 부(府) 실비진료소의 수도
확장 등 여러 사업이 포함되어 있다.[7]

내 용

의안 :
의제1호 1937년도 세입출예산
의제4호 함흥부 진료소사용조례 설정의 건
의제6호 함흥부 공회당사용조례 설정의 건
의제7호 오물소제신영사업비 기채의 건
의제8호 함흥부 공익질옥자금 기채의 건
의제9호 함흥부 시가지계획사업비 기채의 건
의제10호 토지평수할을 부과할 공사의 노선 및 부과율 결정의 건

7) 『釜山日報』 1937.3.26, 5면 참조.

의제16호 부동산처분의 건

장소 : 함흥부청 회의실

의장 : 지금부터 오늘 회의를 개최합니다. 출석의원수는 21명입니다.
(중략)

3월 24일 오후 1시 19분 개회. 출석의원 전날과 같음.
(전략)
의장 : 의제1호 의안 1937년도 세입출예산 가운데 세출 경상부 제4관
    에서 제15관, 제25관 세출 임시부 제1관에서 제6관, 제7관의 제1항
    에서 제7항, 제14관 및 제15관에 관해 제1독회에 붙임과 동시에 본
    안에 관련되는 의제13호, 의제15호를 상정합니다. 새로 부의한 의안
    에 관해 번외가 설명하겠습니다.
번외(宮川庄太郎 속) : 각 의안에 관해 상세히 설명함.
(중략)

3월 25일 오후 1시 18분 개회. 출석의원 전날과 같음.
24번(姬野關太郎) : 계속비 가운데 사무비는 공사를 직영한다는 것은
    청부를 의미하는가? 어떠한 방법에 의거할 예정으로 계상한 것인가?
번외(涌澤元三郎 기사) : 중복되는 공사는 청부에 붙일 예정으로 계상
    하였다.
(중략)

3월 26일 오후 1시 33분 개회. 출석의원은 전날과 같음.

(전략)

의장 : 의제4호 함흥부 진료소사용조례 설정의 건, 의제6호 함흥부 공
회당사용조례 설정의 건, 의제7호 오물소제신영사업비 기채의 건,
의제8호 함흥부 공익질옥자금 기채의 건, 의제9호 함흥부 시가지계
획사업비 기채의 건, 의제10호 토지평수할을 부과할 공사의 노선
및 부과율 결정의 건, 의제16호 부동산처분의 건을 상정합니다. 의
안에 관해 번외가 설명하겠습니다.

번외(宮川庄太郎 속) : 각 의안에 관해 설명함.

(중략)

의장 : 질문도 다 한 것으로 보입니다. 이의가 없으면 제1호부터 제16
호 의안을 일괄해 의제로 삼아 제2독회로 옮깁니다.

(이의 없다고 외침)

의장 : 그러면 제1호부터 제16호 의안을 일괄해서 의제로 삼아 제2독
회를 하겠습니다.

(중략) (시가지계획사업에 관해 2~3 의원으로부터 사업 실시에 있어서
는 충분히 주의를 해 차질이 없도록 하기 바란다는 희망 의견이 있
었음)

의장 : 의견이 다 나온 것으로 인정되는데 이의가 없으면 이전에 위원
회에 부탁(付託)된 의제5호 오물소제수수료조례 및 의제1호 예산안
가운데 위원회에서 수정의견이 있었던 대로 조례 가운데 제1조 제1
항 제7호의 수수료액 변경, 이에 동반해 예산안 가운데 세입 경상부
제2관 사용료 및 수수료, 제13항 오물소제수수료를 140원 감액하고
이 보전으로 세출 경상부 제13관 오물소제비 제4항 수용비를 140원
삭감하는 것으로 원안을 정정하는 외에 심의중 의안을 모두 제3독
회를 생략하고 원안대로 가결하려고 생각합니다.

(이의 없음, 찬성이라고 외치는 자가 있음)

(중략)

의장 : 이로써 부윤이 제출한 의안 및 건의안은 논의를 완료했으므로 본회의를 폐회합니다.

(하략-편자)

4. 원산부회 회의록

1) 1937년 3월 22일 제43회 원산부회 회의록(제1일)

항 목	내 용
문 서 제 목	第43回 府會會議錄(第1日)
회 의 일	19370322
의 장	玉田之繁(부윤)
출 석 의 원	大田省一(1), 金楊根(2), 萩庭武也(3), 南百祐(5), 李弘俊(6), 朴容大(7), 齊藤捨吉(8), 折口宗次郎(9), 若林宗七(10), 西村梧一(11), 北谷德一(12), 林虎英(13), 松本五郎(15), 神宮興太郎(16), 金景俊(17), 韓光洙(18), 孫祚鳳(19), 崔光麟(20), 李周錫(21), 杉野多市(22), 尹訓甲(23), 若汐幸之助(25), 宋寅台(26), 辻宗一(27), 藤川儀平(28)
결 석 의 원	小林儀三郎(4), 矢野榮作(14), 土屋幹夫(24), 韓璣洙(29)
참 여 직 원	羽野九(부속), 村上政喜(부속)
회 의 書 記	池田兼良(서기), 後藤善弟(부고)
회 의 서 명 자 (검 수 자)	
의 안	제1호 1937년도 원산부 세입출예산 제2호 원산부회 의원비용변상조례 개정의 건 제3호 묘지화장장사용조례 개정의 건 제4호 京町공설시장 폐지의 건 제5호 京町공설시장 폐지에 따른 토지, 건물의 관리 및 처분에 관한 건 제6호 공회당건축비 계속비 변경의 건 제7호 상수도확장공사비 계속비 설정의 건 제8호 상수도확장공사비 기채의 건 제9호 1936년도 공사착수도로 개수에 따른 토지평수할 부과총액 결정의 건 제10호 1937년도에 시행하는 하수개수 및 도로포장공사 중 토지평수할을 부과해야 할 노선 및 지역에 관한 건 제11호 원산부 잡종세조례 개정의 건 부회권한에 속하는 사건

	1.원산부 사무 및 출납검사위원 보결선거에 관한 건
문서번호(ID)	CJA0003275
철 명	원산부일반경제관계서철
건 명	원산부잡종세조례중 개정의 건(회의록)
면 수	12
회의록시작페이지	239
회의록끝페이지	250
설 명 문	국가기록원 소장 '원산부일반경제관계서철', '원산부잡종세조례중 개정의 건(회의록)'에 포함된 1937년 3월 22일 제43회 원산부회 회의록(제1일)

해 제

본 회의록(총 12면)은 국가기록원 소장 '원산부일반경제관계서철'철, '원산부잡종세조례중 개정의 건(회의록)'에 수록되어 있는 1937년 3월 22일 열린 제43회 원산부회 회의록(제1일)이다.

이 회의는 제43회 원산부회의 첫날 회의로 22일 오후 1시부터 부청 건물에서 개최되어 81만여 원의 예산을 심의하였다.[8]

내 용

의안

제1호 1937년도 원산부 세입출예산

제2호 원산부회 의원비용변상조례 개정의 건

제3호 묘지화장장사용조례 개정의 건

---

8) 『每日申報』 1937.3.22, 4면 참조.

제4호 京町공설시장 폐지의 건

제5호 京町공설시장 폐지에 따른 토지, 건물의 관리 및 처분에 관한 건

제6호 공회당건축비 계속비 변경의 건

제7호 상수도확장공사비 계속비 설정의 건

제8호 상수도확장공사비 기채의 건

제9호 1936년도 공사착수도로 개수에 따른 토지평수할 부과총액 결
정의 건

제10호 1937년도에 시행하는 하수개수 및 도로포장공사 중 토지평
수할을 부과해야 할 노선 및 지역에 관한 건

제11호 원산부 잡종세조례 개정의 건

부회권한에 속하는 사건

1.원산부 사무 및 출납검사위원 보결선거에 관한 건

개회

부윤 : 출석의원도 법정인원에 도달하였으므로 지금부터 제43회 부회
를 개최합니다.

의장 : 오늘의 서명의원은 3번(萩庭武也), 5번(南百祐) 두 의원에게 부
탁합니다.

부윤 : 의사에 들어가기에 앞서 일단 제 소견을 진술합니다.

(별지 사본대로 인사를 하다)

의장 : 의사의 진행 기타에 관해 생각나시는 점 또는 각 의안과 관련
해 필요하다고 인정하는 표 등이 필요하다면 이번에 파악하고 싶습
니다. 그렇지 않으면 의사진행 중에 갑자기 말씀을 하시더라도 여

유가 없고 또 심의상 쓸데없는 수고를 할 뿐이기 때문에 미리 말씀
해주시기 바랍니다.

11번(西村) : 他府와 비교한 호별세 비교표 등을 교부받고 싶다.

22번(杉野) : 부윤이 설명한 예산개요에 의해 1937년도 대체적인 것을
알 수 있었는데 사무비가 크게 증가한 것은 수도, 토목비 分을 합병
한 결과라고 생각되지만 변경될 이유는 어떠한가.

번외(村上屬) : 經理의 사정이 통일되지 않으면 불편이 적지 않게 기
인하기 때문이다.

5번(南百祐) : 도로개수에 의한 토지평수할의 건에 관해 공사의 예정
가격, 즉 단가 및 사무비의 내용 설명, 吏員인 서기와 기수의 봉급
내역을 알고 싶습니다.

번외(羽野屬) : 도로 개수의 예정가격 또는 단가의 건에 관해서는 본
건은 청부에 붙일 예정이므로 이 자리에서는 말씀드리기 어렵습니다.

번외(村上屬) : 사무비의 설명은 매우 복잡하기 때문에 나중에 각 조
항에서 말씀드리겠습니다.

21번(李周錫) : 각 町里洞의 인구표 및 면적표 등이 있다면 배부해주
기 바랍니다.

28번(藤川) : 비용변상의 증액 건은 우리가 현직에 있는 관계상 이것
의 심의는 어떨까 생각합니다. 나중에 改選 전후에 입안하시는 것
은 어떠한가.

부윤 : 의견은 일단 지당하지만 본건은 1924년 부협의회원 시대에 제
정된 것을 답습해온 것으로 현 시대상황에 맞지 않을 뿐만 아니라
다른 부와 균형 등을 고려한 것입니다. 2원이라는 액수는 전조선
가운데 신의주와 원산뿐이고 그 밖은 3원에서 5원이라는 액수로 되
어 있습니다.

(전조선 각부의 비용변상액을 일일이 예시하다)

5번(松本) : 작년 및 금년도의 오물소제 신고도수, 채석장으로부터의 수송능력 및 석재의 소비량 등의 자료를 제공받고 싶습니다.

22번(杉野) : 수도경제, 즉 실수입과 지출의 균형이 어떻게 되고 있는지 참고자료를 제공받고 싶습니다.

3번(萩庭) : 수도의 급수상황, 즉 전용과 공용전의 口數 및 하루 사용량의 건에 관해 참고자료를 제공받고 싶습니다.

2번(金楊根) : 사무분담표 및 시내의 가로등의 員數와 장소를 기재한 표 종류를 제공받고 싶습니다.

의장 : 지금부터 의사에 들어갑니다. 먼저 순서에 따라 제1호의안인 세출의 部부터 심의하기 바랍니다.

12번(北谷) : 의사 진행상 다른 의안인 조례 쪽을 먼저 하고 예산안은 뒤로 돌리는 것은 어떠합니까.

의장 : 잠시 휴게하겠습니다.(오후 2시 50분)

의장 : 지금부터 속개합니다.(오후 2시 55분)

의장 : 지금 12번 의원이 제기한 건은 종래의 사례이고 또 편의상 예산안부터 시작하는 것은 어떠합니까.

12번(北谷) : 나는 반드시 다른 조례를 먼저 하라고 강조는 하지 않습니다. 예산안부터 시작하는 것이 편리하다면 이의는 없습니다.

　　의제1호 1937년도 원산부 세입출예산의 건

의장 : 그러면 1937년도의 예산안에 관해 심의를 부탁합니다. 먼저 세출경상부 및 임시부의 제1관부터 제3관까지에 관해 질문을 받겠습니다.

부윤 : 제1관 신사비의 건에 관해 설명합니다. 神饌幣帛料는 90원으로

되어 있는데 이것은 법령에 의해 정해진 금액입니다. 종래 신찬폐 백료로서 연액 140원을 供進했습니다. 그러므로 그 차액 50원을 社費 보조로 하고 또 10원을 폐백 공진시에 이에 부수하는 여러 비용으로 계상했습니다. 제2관 회의비의 건은 전술한 바와 같이 大元山의 건설에 있어 각위의 수고한 것이 다대함과 아울러 시대에 순응하는 액수로 증액하고 그 회수를 많게 하여 더욱 배려하려고 한 것입니다. 그러므로 월 1회 이상의 개회를 예상한 바입니다. 그러면 사무비에 관해 설명하도록 하겠습니다.

번외(村上屬) : 사무비에서 22,868원이라는 방대한 계수로 증가한 것은 전술한 바와 같이 수도 및 토목비를 통일한 것과 함께 새로이 서기 2명을 증원할 예정이기 때문으로 사회의 발전과 함께 부 행정의 사무도 매우 다망해져 도저히 현재의 인원만으로는 사무를 원활하게 처리하는 것이 불가능한 점을 감안한 것입니다.

(이하 각 항목에 관해 상세히 설명을 하다.)

그리고 임시부 2,500원은 청내의 전화기를 共電式으로 고치려는 것입니다.

22번(杉野) : 지금 설명한 우편대체 제도는 보통의 대체저금과는 다른 것인가.

번외(村上屬) : 다릅니다. 이것은 총독부의 특별법에 의한 것입니다.

22번(杉野) : 대체저금 구좌를 개설할 때는 납세 등을 할 때 중복된 독촉장을 보내는 일 등은 없는가. 그리고 서로의 감정을 나쁘게 함과 아울러 도리어 부청에서 숫자를 중복하는 등의 일이 없는가. 또 봉급은 전부 府 吏員이라고 생각하지만 관리 등으로 촉탁 등으로 급료를 받고 있는 자는 없는가.

번외(村上屬) : 납세의 건은 납기 등을 고려해 시행하고 있으므로 별

다른 지장은 없다고 생각합니다. 봉급의 건은 절대로 걱정하실 필요는 없습니다.

6번(李弘俊) : 80여만 원의 예산은 當府로서는 처음인가. 또 이와 같이 경비가 증액한 것은 사무비에 기인한 것이라 생각하는데 吏員의 임면에 관해 알고 싶다.

부윤 : 府 吏員의 채용에 관해서는 종래 별도로 내규도 없었는데 재작년 제정했습니다. 요컨대 채용조건으로서는 인물을 중시하는 것으로 하고 있습니다. 그리고 雇員은 특수 기술자 또는 기능자를 제외하고는 50세 이상의 자는 채용하지 않고 있습니다. 앞으로도 더 한층 인물, 수완 등을 고려하려고 하고 있으며 종래의 자도 유능하고 또 상당한 공로도 있기 때문에 이 점은 이해해주시기 바랍니다.

6번(李弘俊) : 退隱料는 몇 년에 취득하는가. 또 현재 吏員으로 취득권자는 몇 명인가.

번외(村上屬) : 12년이고 현재 두 명이 있습니다.

6번(李弘俊) : 그렇다면 인건비가 팽창하는 시기이기도 한 요즘 중견 吏員 양성의 의미에 있어서도 후진에게 길을 펼치게 하는 것은 어떠한가요.

번외(村上屬) : 퇴은료가 붙는다고 해서 도움이 되지 않는다고 말하는 것은 아닙니다. 또 젊은 사람은 따라하지 않는 점도 있습니다.

22번(杉野) : 금년도의 봉급예산은 작년에 비해 고급이므로 채용할 수 있도록 편성했는가. 부는 일반에 비해 봉급이 적다는 평가가 있다.

번외(村上屬) : 귀 의견과 같은 의사를 갖고 편성했습니다.

1번(大田) : 비용변상의 일수 가운데 예산회의 및 사정회는 언제로 예상하는가.

번외 : 예산회의는 5일, 사정회는 4일로 되어 있습니다.

1번(大田) : 사정회의 상황을 살펴보면 열의가 없는 사람도 있는 것으로 보이는데 시중하게 사정하기 위해서는 시간이 부족한 것으로 생각한다. 그러므로 지금 잠시 시간에 관해 고려하기를 희망한다.

부윤 : 일수는 이 정도로 하고 개시 시각을 앞당기거나 혹은 연장하는 것을 고려하겠다.

2번(金錫根) : 雇員給의 최고와 최저액은 어떠한가.

번외(村上屬) : 최고 62원, 최저 22원입니다.

6번(李弘俊) : 囑託給 80원이 매년 계상되고 있는데 부이원 등으로 승진시키는 것은 어떠한가.

번외(村上屬) : 촉탁을 두는 것이 본인으로서는 特策이기 때문이다.

2번(金錫根) : 雇員給 22원은 너무나 적으므로 고려하기 바란다.

번외(村上屬) : 傭人보다 인상한 것이므로 상당히 고려한 결과입니다.

26번(宋寅台) : 여비란에 직원여비와 관리여비로 구별하고 있는데 관리로서 부의 여비를 사용하는 일 등이 있는가.

번외(村上屬) : 관리하고 해도 부의 사무를 위해 출장하는 일이 많이 있습니다. 그 경우의 여부에 충당하는 것입니다.

7번(朴容大) : 현재 조사원은 종래 없었던 것인데 그 일의 내용은 어떠한가.

번외(村上屬) : 경성 등 다른 부에서 실시하고 있는 사례에 따라 6명 계상한 것인데 본건에 관해서는 규정도 초안 가운데에 있습니다만 요컨대 고지서의 배부 또는 府 주민의 이동 등을 평소 확실하게 조사하고 각종 편의를 꾀함을 목적으로 한 것입니다.

('진행, 진행'이라는 소리가 들림)

의장 : 다른 질문이 없으면 다음으로 넘어가겠습니다.

의장 : 토목비의 건은 나중으로 돌리고 제5관부터 제8관까지의 1독회

를 부탁합니다.

제5관 도로살수비　제6관 공원비　제7관 운동장비　제8관 해수욕
장비

번외(羽野屬) : 도로살수비는 대체로 작년과 큰 차이가 없습니다. 단
지 잡비에 있어서 30원의 증가로 되어 있는데 이것은 勞賃이 騰貴
할 것을 예상한 것입니다.

(이하 제6관부터 제8관의 각 항목에 걸쳐 상세한 설명을 하다.)

1번(大田) : 도로 살수의 건은 지난해 해수욕장 부근까지 시행하여 매
우 양호했는데 올해도 위와 마찬가지로 시행하는가. 또 해수욕장의
선정은 府營과 같이 광고와 같이 선전비가 계상되지 않은 것은 어
째서인가.

번외(羽野屬) : 살수는 지난해 이상으로 실시할 예정입니다. 해수욕장
의 선전은 실질적으로는 해수욕회사에서 시행해야 할 성질의 것이
고 또 상당히 선전에는 노력하고 있는 상태입니다.

1번(大田) : 해수욕장비를 지금 약간 증액하여 설비 등을 보다 더 완비
하여 원산 발전책의 일조로 삼는 것은 어떠한가.

번외(羽野屬) : 그 의사는 충분히 있으나 더 이상의 증액은 현재로서
는 기대하고 있지 않다.

12번(林虎英) : 공원비의 설비비는 仲町공원뿐인가. 또 跨線橋 바로
앞의 삼각지공원 방면을 좀 더 손질을 해야 할 것으로 생각한다. 시
가지의 미관의 견지에서 보더라도 중정공원보다도 큰 시설을 해야
할 것이다.

번외(羽野屬) : 삼각지공원의 미화는 이전부터 계획하고 있는 것인데
그곳은 포장공사의 진척을 동반하는 것으로 뒷날 하는 것으로 돌렸
다.

2번(金錫根) : 대원산 발전책의 일조로 삼고 또 지역의 관계상 남부 방면에도 부디 공원을 설치할 필요가 있다. 부 당국은 본건을 어떻게 생각하시는가.

번외(羽野屬) : 남산 등에 설비를 하여 대공원을 만들 계획을 갖고 있다.

17번(金景俊) : 살수자동차를 구입하는 것은 어떠한가. 남부 방면은 인가가 희박한 곳이 매우 많고 여름철에는 砂塵 때문에 눈을 뜨지 못하는 일이 여러 번 있기 때문에 이 방면에 골고루 살수를 할 필요가 있다. 위생면으로부터 보아도 토지의 발전책으로부터 보더라도 등한히 할 수 없다. 부 당국은 어떠한 방침을 갖고 있는가.

번외(羽野屬) : 고려하겠습니다.

19번(孫祚鳳) : 운동장이 한 쪽에 치우쳐 있다. 적당한 다른 곳에 신설할 뜻은 없는가.

번외(羽野屬) : 이전부터 물색중입니다.

22번(杉野) : 남산 또는 大神宮 부근의 경승지를 대공원으로 만든다는 건은 우리들이 항상 기대하고 있는 바인데 종래 부 당국의 방식은 그러한 곳과 행하는 것이 일치하지 않았는데 현 이사자의 의향은 어떠한가.

그리고 살수의 건은 숙고가 필요하다고 생각한다. 자동차의 구입도 가능하지만 도로의 관계상 포장공사가 완료되기를 기다린 뒤 고려를 해도 좋다고 생각한다. 그것과 함께 종래와 마찬가지로 각 정에서 자치적으로 살수하고 있는 것은 크게 권장해야 할 미풍이고 생각하는 바이다.

부윤 : 風光明媚한 우리 원산에 공원다운 것이 없다는 것은 보건위생적인 입장에서 보더라도 또 관광객을 유치하는데 있어서도 매우 창피한 일이다. 가까운 장래에 이것이 실현되도록 노력하려고 생각합

니다.

그리고 살수의 건은 자치적으로 크게 권장하고 발달하도록 부로서도 최선을 다하겠다.

5번(南百祐) : 자치적 살수의 권장도 좋지만 자동차의 구입을 희망한다. 원산의 대목 때인 해수욕의 시기 등 계절의 관계에서 특히 살수를 필요로 하는 시기에 원산리 방면 등은 특히 砂塵의 정도가 격렬하고 국민보건상에 있어서도 소홀히 할 수 없는 것이다. 그러므로 적어도 本通만이라도 어떻게든 살수에 만전을 기하기 바란다. 그리고 남산공원의 건도 소유자와 교섭의 관계도 있으므로 지가의 변동이 없는 오늘날 은밀히 교섭하는 것도 헛된 일이 아니라고 생각한다. 또한 명사십리는 전조선에 알려진 해수욕장이기 때문에 松濤園과 함께 크게 천하에 선전할 필요가 있다고 생각한다. 당국이 생각해주기를 바란다.

번외(羽野屬) : 자동차 구입 건은 경비 관계도 있으므로 실시는 곤란하다고 생각합니다. 공원의 건은 조만간 실시할 전망입니다. 시가지계획을 결정한 뒤가 모든 점으로부터 보아도 적절하다고 생각합니다. 명사십리는 가능한 한 손질을 하려고 생각하는데 어떻든 府外라는 점도 있어 급하게 손을 본다는 것은 문제가 될 우려도 있습니다. 관광회사를 만들어 그것으로 하여금 선전 등의 기회를 만들려고 생각하고 있습니다.

8번(齊藤) : 운동장이 한 쪽에 치우쳐 있는 것은 우리들이 항상 듣는 바이다. 체육과 관련하는 스키 및 원산을 선전하기에 적절한 신풍리의 스키장의 건에 관해 당국은 최소한 손질을 할 뜻이 있는가. 스키 발상지로서 원산은 내지는 물론 외국에까지 알려져 있는 상태이기 때문에 당국의 더 한층의 관심을 희망한다.

번외(羽野屬) : 스키 및 스키장의 건에 관해서는 상당한 관심을 갖고 있는데 어떻든 要塞 지대인 관계도 있어 적극적인 시설은 삼가고 있다.

7번(朴容大) : 도로살수의 예산이 너무나도 근소하다. 당국은 조금은 보건위생이라는 것에 유의하기 바란다.

27번(辻): 예전에 松濤園의 해수욕은 상당히 유명하고 또 해수욕 손님도 현재보다 많았던 것으로 알고 있는데 이것은 각 도시에 풀 등이 설치된 점에도 기인한다고 생각한다. 그러므로 當地에도 유치하는 하나의 방책으로 풀을 신설할 뜻은 없는가.

번외(羽野屬) : 풀 설치의 건은 연구, 선처하겠다.

15번(松本) : 도로살수의 건에 관해서는 마차에 의지하는 방법도 考究의 여지가 있다. 어떻게 해서라도 선처하기를 희망한다.

부윤 : 각 방면에서 연구 선처하고 싶으나 요는 경비의 문제라는 점을 이해하시기 바랍니다.

의장 : 그밖에 질문이 없으면 오늘은 이로써 산회하려고 합니다.

(찬성자 많음)

의장 : 오늘은 산회하고 내일 오후 1시부터 개회하겠습니다.

(오후 5시 30분)

5. 청진부회 회의록

1) 1940년 2월 28일 청진부회 회의록(발췌)

항 목	내 용
문 서 제 목	淸津府會會議錄(拔萃)
회 의 일	19400228
의 장	關藤唯平(부윤)
출 석 의 원	朴壽福(1), 金潤鎬(3), 趙弻顯(4), 志岐榮六(5), 松岡茂藏(6), 柿本藤吉(8), 笠原三右衛門(9), 紅粉一郎(10), 張仁德(11), 金原三郎(12), 安村賢太郎(13), 大見悅之助(14), 室直二(15), 金曾玉(16), 李秀昌(17), 安重奎(19), 村上瑛(20), 張始亨(21), 安村庄太郎(22), 疋田伴治(24), 朴英駿(25), 元一中(26), 石田寬一(27), 岡村亘浩(29), 金泰鎭(30)
결 석 의 원	飯澤淸(2), 厚母繁一(7), 七條元次郎(18), 黃鶴律(23), 井上貞作(28)
참 여 직 원	上廻儀一(내무과장), 李學範(서무과장), 吉本九右衛門(재무과장), 河津美行(토목과장), 中島恭一(관리계장), 福原金則(산업계장), 深井辰次郎(제1공무계장), 廣田美彦(용도계장), 田中幸一(제2공무계장), 中尾太(수도계장), 宋承先(사회계장), 宗像勝三(용도계장 겸 재산관리계장), 邑上行三(학무계장), 大友一實(징수계장), 孫靑松(부과계장), 安炳甲(경리계장), 池田篤(서무계장), 金昌鶴(호적계장), 牧內敏男(위생계), 西道口武雄(영선계), 末永傳之助(내무계장)
회 의 書 記	
회 의 서 명 자 (검 수 자)	
의 안	의제1호 1940년도 청진부 일반회계 세입출예산을 정하는 건, 의제2호 청진부영운동장사용조례 설정의 건, 의제3호 청진부 진료소사용조례 설정의 건, 의제4호 청진부 위생시험수수료조례 설정의 건, 의제5호 청진부 오물소제수수료조례 개정의 건, 의제6호 우피건조장사용조례 개정의 건, 의제7호 청진부 부세조례 개정의 건, 의제8호 청진부 조흥세조례 폐지의 건, 의제9호 청진부 시가지계획특별세조례 개정의 건, 의제10호 1940년

	도분 영조물의 사용료 결정의 건, 의제11호 1940년도분 부가세의 과율 결정의 건, 의제12호 1940년도 토지평수할을 부과할 공사의 종류, 노선 및 지역, 부과액을 정하는 건, 의제13호 1940년도분 시가지계획특별세의 과율 결정의 건, 의제14호 상수도확장비에 충당하기 위한 부채 기채의 건, 의제15호 청진부 전염병원신영비에 충당하기 위한 부채 기채의 건, 의제16호 청진부 청소사업소신영비에 충당하기 위한 부채 기채의 건, 의제17호 청진부 청진부 시가지계획 제1토지구획정리비 특별회계 계속연기 및 지출방법 변경의 건, 의제18호 1940년도 청진부 시가지계획 제1토지구획정리비 계속비 특별회계 세입출예산을 정하는 건, 의제19호 청진시가지계획 제1토지구획정리부담금조례 개정의 건, 의제20호 청진시가지계획 제2토지구획정리비 특별회계 계속연기 및 지출방법 변경의 건, 의제21호 1940년도 청진부 시가지계획 제2토지구획정리비 계속비 특별회계 세입출추가경정예산의 건, 의제22호 1940년도 청진부 시가지계획 제2토지구획정리비 계속비 특별회계 세입출예산의 건, 의제23호 청진시가지계획 제2토지구획정리부담금조례 개정의 건, 의제24호 청진시가지계획 제3토지구획정리비 특별회계 계속연기 및 지출방법 변경의 건, 의제25호 1940년도 청진부 시가지계획 제3토지구획정리비 계속비 특별회계 세입출 추가경정예산의 건, 의제26호 1940년도 청진부 시가지계획 제3토지구획정리비 계속비 특별회계 세입출예산의 건
문서번호(ID)	CJA0003451
철 명	청진부세입출예산철
건 명	청진시가지계획 제3토지구획정리비 계속비 변경의 건 회의록
면 수	12
회의록시작페이지	921
회의록끝페이지	932
설 명 문	국가기록원 소장 '청진부일반경제관계철', '청진시가지계획 제3토지구획정리비 계속비 변경의 건 회의록'에 포함된 1940년 2월 28일 청진부회 회의록(발췌)

해 제

본 회의록(총 12면)은 국가기록원 소장 '청진부일반경제관계철', '청진시가지계획 제3토지구획정리비 계속비 변경의 건 회의록'에 수록되어 있는 1940년 2월 28일 열린 청진부회 회의록(발췌)이다.

이 회의록은 국가기록원 소장 CJA0003536 112-123쪽, CJA0003560 479-490, 809-817쪽에 중복 수록되어 있다.

내 용

의장 : 지금부터 오늘 회의를 시작합니다. 출석의원수 24명입니다.

의장 : 여러분의 동의를 모두에 먼저 여러분과 함께 궁성을 요배하려고 생각합니다. 기립하여 동쪽을 향하기 바랍니다.

(일동 기립 '궁성요배' 동쪽을 향해 최경례를 하고 착석함)

의장 : 이어서 이번 사변에서 국가를 위해 순국하신 존엄한 희생 영령의 추도와 상이장병 여러분의 쾌유 및 원정길에 있는 장병의 무운장구를 기원하려고 합니다. 1분간 묵도를 바치려고 합니다. 기립해 주기 바랍니다.

(일동 기립 '1분간 묵도'를 하고 착석함)

의장 : 의사에 들어가기에 앞서 제반 보고를 합니다. 먼저 부윤으로부터 의장이 받은 통지, 이번의 회의에 부의한 사건을 보고합니다. 서기가 낭독하겠습니다.

(서기 낭독) (중략-편자)

오늘 개회하는 청진부회에 부의하는 사건은 다음과 같으므로 파악하시기 바랍니다.

다음:

의제1호 1940년도 청진부 일반회계 세입출예산을 정하는 건

의제2호 청진부영운동장사용조례 설정의 건

의제3호 청진부 진료소사용조례 설정의 건

의제4호 청진부 위생시험수수료조례 설정의 건

의제5호 청진부 오물소제수수료조례 개정의 건

의제6호 우피건조장사용조례 개정의 건

의제7호 청진부 부세조례 개정의 건

의제8호 청진부 조흥세조례 폐지의 건

의제9호 청진부 시가지계획특별세조례 개정의 건

의제10호 1940년도분 영조물의 사용료 결정의 건

의제11호 1940년도분 부가세의 과율 결정의 건

의제12호 1940년도 토지평수할을 부과할 공사의 종류, 노선 및 지역, 부과액을 정하는 건

의제13호 1940년도분 시가지계획특별세의 과율 결정의 건

의제14호 상수도확장비에 충당하기 위한 부채 기채의 건

의제15호 청진부 전염병원신영비에 충당하기 위한 부채 기채의 건

의제16호 청진부 청소사업소신영비에 충당하기 위한 부채 기채의 건

의제17호 청진부 청진부 시가지계획 제1토지구획정리비 특별회계 계속연기 및 지출방법 변경의 건

의제18호 1940년도 청진부 시가지계획 제1토지구획정리비 계속비 특별회계 세입출예산을 정하는 건

의제19호 청진시가지계획 제1토지구획정리부담금조례 개정의 건

의제20호 청진시가지계획 제2토지구획정리비 특별회계 계속연기 및 지출방법 변경의 건

의제21호 1940년도 청진부 시가지계획 제2토지구획정리비 계속비
특별회계 세입출추가경정예산의 건의제22호 1940년도 청
진부 시가지계획 제2토지구획정리비 계속비 특별회계 세
입출예산의 건
의제23호 청진시가지계획 제2토지구획정리부담금조례 개정의 건
의제24호 청진시가지계획 제3토지구획정리비 특별회계 계속연기 및
지출방법 변경의 건
의제25호 1940년도 청진부 시가지계획 제3토지구획정리비 계속비
특별회계 세입출 추가경정예산의 건
의제26호 1940년도 청진부 시가지계획 제3토지구획정리비 계속비
특별회계 세입출예산의 건

의장 : 이어서 마찬가지로 부윤으로부터 의장이 받은 통지, 본 회의에
서 의사 참여원 임명의 건을 보고합니다.
(중략-편자)
의장 : 이어서 의사 일정을 보고합니다.
오늘은 지금부터 먼저 부윤의 인사가 있겠습니다. 이어서 의제17호부터
제26호 의안의 논의를 마치고 시간 사정에 따라서 다음으로 나아가려
고 합니다. 그리고 회기중에 전 의안의 논의를 마치려고 생각합니다.
(중략-편자)
의장 : 앞서 말씀드렸듯이 진행하려 합니다. 의제17호부터 제19호까지
3건을 일괄해 제1독회의 논의에 부칩니다.
의장 : 그러면 이사자가 대체적 설명을 해주기 바랍니다.
번외(관리계장) : 청진시 시가계획 제1토지구획정리비 특별회계 계속
연기 및 지출방법 변경의 건. 이것의 변경은 대체로 설명서에도 개

요를 기재해 두었지만 그 전에 잠시 地區에 관해 말씀드리겠습니다. … (이하 순차 설명을 함) … 대체로 이상과 같습니다.

의장 : 질문이 있으면 하시기 바랍니다.

8번(柿本) : 지금의 설명에 따르면 이번의 설계 변경에 의해 지주의 부담은 평당 33전 오르게 된다는 것인데 그것은 문제가 안 되겠지만 청진의 장래라는 측면에서 생각해 지주가 이것을 이유로 지가를 끌어올려 이 때문에 이곳으로 진출하는 사람이 없어지게 될 우려는 없는지 당국의 의견을 듣고 싶습니다.

번외(관리계장) : 부담금의 부과총액은 평당 5원 정도로 되어 있는데 현재의 토지가 부에서 사정한 지가보다 매우 폭등한 상황이고 그 가운데 백 수십 원에 매매되는 토지도 있습니다. 대체로는 구획정리된 토지 가운데 제1토지구획 쪽은 매우 토지의 가격이 폭등하였습니다. 지금 부담금의 增徵은 평균 평당 33전 남짓이고 이 때문에 지가의 상승 등에 영향을 주는 일은 없을 것으로 생각하고 있습니다.

(생략·원문)

(1번 朴壽福 '찬성'이라고 외침)

의장 : 달리 질문 없습니까.

(15번 室 '진행하기 바란다'고 말함)

의장 : 없는 것 같으므로 그러면 그대로 원안대로 가결 확정하려고 합니다. 이의 없습니까.

('이의 없음', '원안 찬성'이라는 소리 들림)

의장 : 이의가 없으므로 그렇게 결정합니다.

의장 : 잠시 휴게합니다.(오후2시 50분)

의장 : 그러면 회의를 속행합니다.(오후 3시 5분)

의장 : 그러면 이어서 의안20호부터 23호가 관련되어 있으므로 이를 일괄해 의제로 삼겠습니다.

의장 : 그러면 이사자에게 설명을 부탁합니다.

번외(관리계장) : 제2토지구획정리비 특별회계 계속연기 및 지출방법 변경의 건 … 1940년도에 기채를 하는 것으로 되어 있는 72만 4천 원을 이번에 저리채로 변경하기 위해 제7회 공채를 발행할 예정이므로 여기에 변경하려는 것입니다. … (이하 순차 설명을 함) …대체로 이상과 같습니다.

의장 : 질문이 있으면 말씀하시기 바랍니다.

10번(紅粉) : 숫자가 잘못된 것 아닌가. 토지구획의 숫자는 언제나 나중에 처리에 급급합니다만.

번외(관리계장) : 정말 황송합니다. 제2토지구획정리까지는 틀림이 없다고 생각합니다. 제3토지구획정리분에 잘못이 발견되었기 때문에 다시 제3의 심의 때 말씀드리겠습니다.

(중략-원문)

(9번 笠原 '이의 없다'고 외치고 이어서 '이의 없음'이라는 소리 들림)

의장 : 이것은 다른 질문이 없는 것 같으므로 독회를 생략하고 원안대로 가결 확정하려고 합니다.

(찬성)

의장 : 이의가 없다고 인정합니다. 그렇게 결정했습니다.

의장 : 이어서 24호부터 26호 의안이 관련되어 있으므로 일괄해 의제로 삼습니다.

의장 : 그러면 설명 부탁합니다.

번외(관리계장) : 의제24호 제3토지구획정리비 특별회계 계속연기 및 지출방법 변경의 건 … 이것도 역시 제2토지구획정리와 마찬가지로 금년도에 고리채를 저리채로 바꾸어 빌리기 위해 변경하는 것입니다. ··· 이하 설명을 함 ···(숫자의 잘못을 정정하여 설명함)

(10번 紅粉 '원안 찬성입니다'라고 말함)

의장 : 질문이 있으시면.

('원안 찬성'이라는 소리 들림)

의장 : 이의가 없는 것 같으므로 독회를 생략하고 원안대로 가결 확정하려고 합니다. 어떻습니까.

(이의 없음)

의장 : 이의가 없다고 인정합니다. 그렇게 결정했습니다.

(중략-원문)

의장 : 의제2호에서 16호 의안까지는 상호 관련되는 것이므로 일괄해 의제로 삼아 제1독회에 부칩니다. 심의는 어떤 식으로 할까요. 지금까지 나누어 질의와 의견을 동시에 하신 것으로 들었습니다만 그러한 방법은 어떻습니까.

10번(紅粉) : 회의 규칙이 정하는 바에 따라 하지 않으면 안 됩니다.

의장 : 그러면 종래대로 나누어 세출경상부 제1관에서 제4관, 그리고 제16관, 그리고 임시부에 있어서는 제1관, 제2관, 제5관, 제13관, 제14관, 제15관 이 범위에서 질문을 받겠습니다.

10번(紅粉) : 찬성하지 않습니다. 너무 많으면 혼선이 생기고 우리는 머리가 좋지 않으므로 제1독회에서 의원들이 자성하지 않으면 안 된다고 생각합니다. 2독회가 되어 네다섯 개 하는 것도 좋지만 혼선이 생기면 아무 것도 되지 않고 우스운 일이 되어 버리므로 조항별로 해주기 바란다.

('찬성'이라고 말하는 자 있음)

의장 : 지금까지 나누어진 것 같은데 어떻습니까.

1번(朴壽福) : 3관 정도까지 어떻습니까.

26번(元一中) : 3관까지로 정하지 말고 贈給이 있는 것은 한꺼번에 하기 바랍니다.

(여러 가지 논의가 있음)

의장 : 이사자가 설명하기 바랍니다.

10번(紅粉) : 설명은 그만두면 어떻습니까.

26번(元一中) : 부기란에 적혀 있기 때문에 특별히 바뀐 부분만으로 좋다고 생각합니다.

의장 : 간단하게.

번외(내무과장) : 일단 간단히 세출경상부 예산의 신사비는 전년도와 마찬가지입니다. 설명을 생략합니다. … (이하 순차 설명을 함) … 사무비는 11만 6,774원으로 전년도 예산액에 비해 2만 4,591원 늘었습니다. ('거기까지 하면 어떤가'라고 말하는 자 있음)

번외(내무과장) : 일단 참고로 들어주시기 바랍니다.

(논의가 있음)

의장 : 그러한 희망이라면 조금씩 나누는 것으로 하는 것이 좋겠습니다.

의장 : 그러면 제1관에서 제3관 이 범위에서 심의하는 것으로 변경합니다.

(중략-원문)

의장 : 그러면 2독회에서도 심의하실 것이므로 지금 심의하신 부분에 관해서는 일단 심의를 중단하는 것으로 해도 좋겠습니까.

(이의 없음)

의장 : 그러면 내일 이어서 진행하는 것으로 하고 오늘은 여기서 회의를 폐회합니다.

(오후 4시 7분)

2) 1940년 2월 29일 청진부회 회의록(발췌)

항 목	내 용
문 서 제 목	淸津府會會議錄(拔萃)
회 의 일	19400229
의 장	關藤唯平(부윤)
출 석 의 원	朴壽福(1), 金潤鎬(3), 趙弼顯(4), 志岐榮六(5), 厚母繁一(7), 柿本藤吉(8), 笠原三右衛門(9), 紅粉一郎(10), 張仁德(11), 金原三郎(12), 安村賢太郎(13), 大見悅之助(14), 室直二(15), 金曾玉(16), 李秀昌(17), 安重奎(19), 村上瑛(20), 張始亨(21), 安村庄太郎(22), 疋田伴治(24), 朴英駿(25), 元一中(26), 石田寬一(27), 井上貞作(28), 岡村亘浩(29), 金泰鎭(30)
결 석 의 원	飯澤淸(2), 松岡茂藏(6), 七條元次郎(18), 黃鶴律(23)
참 여 직 원	1일차(2월 28일) 참여원: 上廻儀一(내무과장), 李學範(서무과장), 吉本九右衛門(재무과장), 河津美行(토목과장), 中島恭一(관리계장), 福原金則(산업계장), 深井辰次郎(제1공무계장), 廣田美彦(용도계장), 田中幸一(제2공무계장), 中尾太(수도계장), 宋承先(사회계장), 宗像勝三(용도계장 겸 재산관리계장), 邑上行三(학무계장), 大友一實(징수계장), 孫靑松(부과계장), 安炳甲(경리계장), 池田篤(서무계장), 金昌鶴(호적계장), 牧內敏男(위생계), 西道口武雄(영선계), 末永傳之助(내무계장)
회 의 書 記	
회 의 서 명 자 (검 수 자)	
의 안	의제1호 1940년도 청진부 일반회계 세입출예산을 정하는 건, 의제2호 청진부영운동장사용조례 설정의 건, 의제3호 청진부 진료소사용조례 설정의 건, 의제4호 청진부 위생시험수수료조례 설정의 건, 의제5호 청진부 오물소제수수료조례 개정의 건, 의제6호 우피건조장사용조례 개정의 건, 의제7호 청진부 부세조례 개정의 건, 의제8호 청진부 조흥세조례 폐지의 건, 의제9호 청진부 시가지계획특별세조례 개정의 건, 의제10호 1940년도분 영조물의 사용료 결정의 건, 의제11호 1940년도분 부가세의 과율 결정의 건, 의제12호 1940년도 토지평수할을 부과할 공사의 종류, 노선 및 지역, 부과액을 정하는 건, 의제13호 1940년도분 시가지계획특별세의 과율 결정의 건, 의제14호 상수도확장비에 충당하기 위한 부채 기채의 건, 의제15호 청진

	부 전염병원신영비에 충당하기 위한 부채 기채의 건, 의제16호 청진부 청소사업소신영비에 충당하기 위한 부채 기채의 건, 의제17호 청진부 청진부 시가지계획 제1토지구획정리비 특별회계 계속연기 및 지출방법 변경의 건, 의제18호 1940년도 청진부 시가지계획 제1토지구획정리비 계속비 특별회계 세입출예산을 정하는 건, 의제19호 청진시가지계획 제1토지구획정리부담금조례 개정의 건, 의제20호 청진시가지계획 제2토지구획정리비 특별회계 계속연기 및 지출방법 변경의 건, 의제21호 1940년도 청진부 시가지계획 제2토지구획정리비 계속비 특별회계 세입출추가경정예산의 건, 의제22호 1940년도 청진부 시가지계획 제2토지구획정리비 계속비 특별회계 세입출예산의 건, 의제23호 청진시가지계획 제2토지구획정리부담금조례 개정의 건, 의제24호 청진시가지계획 제3토지구획정리비 특별회계 계속연기 및 지출방법 변경의 건, 의제25호 1940년도 청진부 시가지계획 제3토지구획정리비 계속비 특별회계 세입출 추가경정예산의 건, 의제26호 1940년도 청진부 시가지계획 제3토지구획정리비 계속비 특별회계 세입출예산의 건
문서번호(ID)	CJA0003536
철 명	청진부세입출예산철
건 명	소화15년도 청진부세입출예산-함경북도(청진부회회의록)
면 수	3
회의록시작페이지	124
회의록끝페이지	126
설 명 문	국가기록원 소장 '청진부세입출예산철', '소화15년도 청진부세입출예산-함경북도(청진부회회의록)'건에 포함된 1940년 2월 29일 열린 청진부회 회의록

해 제

본 회의록(총 3면)은 국가기록원 소장 '청진부세입출예산철', '소화15년도 청진부세입출예산-함경북도(청진부회회의록)'에 수록되어 있는 1940년 2월 29일 열린 청진부회 회의록(발췌)이다.

내 용

의안 :

의제1호 1940년도 청진부 일반회계 세입출예산을 정하는 건

의제2호 청진부영운동장사용조례 설정의 건

의제3호 청진부 진료소사용조례 설정의 건

의제4호 청진부 위생시험수수료조례 설정의 건

의제5호 청진부 오물소제수수료조례 개정의 건

의제6호 우피건조장사용조례 개정의 건

의제7호 청진부 부세조례 개정의 건

의제8호 청진부 조흥세조례 폐지의 건

의제9호 청진부 시가지계획특별세조례 개정의 건

의제10호 1940년도분 영조물의 사용료 결정의 건

의제11호 1940년도분 부가세의 과율 결정의 건

의제12호 1940년도 토지평수할을 부과할 공사의 종류, 노선 및 지역,
        부과액을 정하는 건

의제13호 1940년도분 시가지계획특별세의 과율 결정의 건

의제14호 상수도확장비에 충당하기 위한 부채 기채의 건

의제15호 청진부 전염병원신영비에 충당하기 위한 부채 기채의 건

의제16호 청진부 청소사업소신영비에 충당하기 위한 부채 기채의 건

의제17호 청진부 청진부 시가지계획 제1토지구획정리비 특별회계
        계속연기 및 지출방법 변경의 건

의제18호 1940년도 청진부 시가지계획 제1토지구획정리비 계속비
        특별회계 세입출예산을 정하는 건

의제19호 청진시가지계획 제1토지구획정리부담금조례 개정의 건

의제20호 청진시가지계획 제2토지구획정리비 특별회계 계속연기 및
　　　　지출방법 변경의 건
의제21호 1940년도 청진부 시가지계획 제2토지구획정리비 계속비
　　　　특별회계 세입출추가경정예산의 건
의제22호 1940년도 청진부 시가지계획 제2토지구획정리비 계속비
　　　　특별회계 세입출예산의 건
의제23호 청진시가지계획 제2토지구획정리부담금조례 개정의 건
의제24호 청진시가지계획 제3토지구획정리비 특별회계 계속연기 및
　　　　지출방법 변경의 건
의제25호 1940년도 청진부 시가지계획 제3토지구획정리비 계속비
　　　　특별회계 세입출 추가경정예산의 건
의제26호 1940년도 청진부 시가지계획 제3토지구획정리비 계속비
　　　　특별회계 세입출예산의 건

의장 : 기다리셨습니다. 지금부터 오늘 회의를 시작합니다.
(오후 1시 20분)
의장 : 그러면 어제에 이어 세출경상부 제4관에서 제10관까지의 범위
　　에서 심의해주시기 바랍니다.
의장 : 이사자로부터 간단히 설명해주기 바랍니다.
번외(내무과장) : 전년도 예산에 비해 증감이 큰 것과 특이한 것에 관
　　해 설명 드리겠습니다. (모두에 제4관부터 순차로 설명을 함) 대체
　　로 설명을 마쳤습니다.
(생략·원문)
1번(朴壽福) : 지금 한 것까지로 (11관부터 16관) 중단하는 것은 어떻
　　습니까.

의장 : 중단하자는 동의가 나왔습니다. 어떻습니까.

('여기서 중단하기 바란다'라고 말하는 자 많음)

의장 : 그러면 11관부터 16관은 이 정도로 중단하고 다음으로 나아가
　　　 겠습니다.

의장 : 그러면 오늘 회의는 마치겠습니다. (오후 4시 22분)

6. 나진부회 회의록

1) 1941년 9월 2일 제28회 나진부회 회의록

항 목	내 용
문 서 제 목	第28回 羅津府會會議錄
회 의 일	19410902
의 장	松岡修二(부윤)
출 석 의 원	北村久七郎(1), 南學錫(2), 高橋嘉一郎(3), 柳瀨馨(4), 森永鐵次(5), 大木豊(6), 松下薰(7), 中山郁之亮(8), 金岡治雄(9), 厚地一政(10), 上原熙珍(11), 渡部貴正(13), 平原武(14), 中島彦作(15), 朝本秀雄(16), 田中勇三郎(17), 平山學澈(18), 前田直一(19), 岩石憲人(20), 田中久吉(21), 金永光正(23)
결 석 의 원	洪吉松(12), 荒井準(22), 吉田九平(24)
참 여 직 원	川和田秋彦(내무과장), 茂元裕光(재무과장), 讚井嘉平(부기수), 宮村春燮(부서기)
회 의 書 記	白川雅一(지방서기), 安田芳雄(부서기)
회 의 서 명 자 (검 수 자)	松岡修二(부윤), 柳瀨馨(4), 森永鐵次(5)
의 안	제1호의안 나진부 특별영업세, 잡종세조례 개정의 건, 제2호의안 나진부 회료지급조례 개정의 건, 제3호의안 1941년도 나진부 세입출 추가경정예산의 건, 제1호보고 부제 제27조의 규정에 따른 부윤 전결처분건, 제2호보고 나진부 사무 및 출납검사 규정에 따른 검사위원 보고의 건
문서번호(ID)	CJA0003631
철 명	나진부관계철
건 명	나진부특별영업세잡종세조례 중 개정의 건 회의록첨부
면 수	14
회의록시작페이지	444
회의록끝페이지	457
설 명 문	국가기록원 소장 '나진부관계철', '나진부특별영업세잡종세조례 중 개정의 건 회의록첨부'에 포함된 1941년 9월 2일 제28회 나진부회 회의록

해 제

　본 회의록(총 14면)은 국가기록원 소장 '나진부관계철', '나진부특별
영업세잡종세조례 중 개정의 건 회의록첨부'에 수록되어 있는 1941년
9월 2일 열린 제28회 나진부회 회의록이다.
　이 회의록은 국가기록원 소장 문서 CJA0003767 188-201쪽에 중복 수
록되어 있다.

내 용

의안 :
제1호의안 나진부 특별영업세, 잡종세조례 개정의 건
제2호의안 나진부 회료지급조례 개정의 건
제3호의안 1941년도 나진부 세입출 추가경정예산의 건
제1호보고 부제 제27조의 규정에 따른 부윤 전결처분 건
제2호보고 나진부 사무 및 출납검사규정에 따른 검사위원 보고의 건

회의 일시 : 1941년 9월 2일 오후 1시 12분
장소 : 나진부청사 회의실
출석의원 : 北村久七郎(1), 南學錫(2), 高橋嘉一郎(3), 柳瀨馨(4), 森
　　　　　永鐵次(5), 大木豊(6), 松下薰(7), 中山郁之亮(8), 金岡治
　　　　　雄(9), 厚地一政(10), 上原熙珍(11), 渡部貴正(13), 平原武
　　　　　(14), 中島彦作(15), 朝本秀雄(16), 田中勇三郎(17), 平山
　　　　　學澈(18), 前田直一(19), 岩石憲人(20), 田中久吉(21), 金
　　　　　永光正(23)

참여원 : 松岡修二(부윤), 川和田秋彦(내무과장), 茂元裕光(재무과
　　　　장), 讚井嘉平(부기수), 宮村春燮(부서기)

부윤(松岡修二) : 지금부터 제28회 나진부회를 개회합니다.
의장(부윤) : (결석자 호명), 정족수에 달하였으므로 개회합니다.
(참여원 소개), (부회 서기 소개)
의장(부윤) : 일정에 들어가기 전에 궁성요배 및 묵도를 올리려고 합
　　니다. 전원기립, 궁성에 대 최경례를 하고 이어서 무운장구 및 전몰
　　장병의 영령에 대해 감사, 아울러 총후봉공(銃後奉公)을 맹서하는
　　묵도를 바치다.
의장(부윤) : 본일의 일정을 말씀드립니다. (의안 낭독)
의장(부윤) : 그러면 일정에 따라 제1호의안 나진부 특별영업세, 잡종
　　세조례 개정의 건을 상정합니다. 제안 이유는 참여원이 설명하겠습
　　니다.
번외(내무과장) : 지금 상정한 제1호의안에 관해서 말씀드립니다.
　　본안은 道의 지시에 따라 특별영업세, 잡종세조례 가운데 필요한
　　개정을 하려는 것으로 내용은 매우 간단한 것입니다. 즉 제1조 제1
　　항 가운데의 개정은 안으로 올라온 업태에 관해 세율을 인상하려는
　　것입니다.
　　이어서 제3조 제1호 가운데의 개정은 면세의 범위를 동종 업태로
　　확장하려는 것입니다. 제10조 가운데의 개정은 이전 개정에서 불비
　　함을 보완하는 것으로 즉 이전 개정에서는 제12조에서 특정의 電柱
　　점유자에 대한 면세 규정을 삽입했음에도 불구하고 제11조에 전주
　　소유자만을 전주세의 납입의무자로 삼은 것으로 되어 있습니다. 또
　　리어카에 관해서는 제12조에 그 세율을 규정하고 있음에도 불구하

고 제11조에서 리어카를 과세 대상으로 하는 규정이 빠져 있었기 때문에 이상 두 곳을 보정하려는 것입니다. 이어서 제13조 제4호 가운데의 개정은 과세 범위를 철도정거장 구내에서의 화물운반용 리어카에도 미치게 하려는 것으로 동 조항을 올리고 내리고 하려는 것은 규정의 체재를 갖추게 하려는 것입니다. 이상으로 제 설명을 마치겠습니다.

의장(부윤) : 본안의 심의는 독회를 생략하고 진행하려고 하는데 이의 없습니까?

(이의 없다고 외치는 자가 있음)

의장(부윤) : 그러면 이의가 없으므로 독회를 생략합니다.

14번(平原武) : 본안 제1조의 은행업, 보험업, 無盡業 및 신탁업 등은 당 관내에 해당자가 있습니까? 리어카에 세금을 부과하는 것은 일반업자는 힘들겠지만 그 세액은 어느 정도입니까? 또 리어카의 대수는 얼마나 됩니까?

번외(재무과장) : 지금 질문하신 제1조의 업자는 당 관내에 해당자가 없습니다. 리어카에 관해서는 조사를 한 뒤 나중에 보고하겠습니다.

번외(내무과장) : 리어카는 총예산으로는 212대, 세액은 106원으로 되어 있습니다.

14번(平原武) : 조례를 개정하면서까지 해서 106원의 예산을 개정해 증수를 꾀하려 하는 것은 좋은가 하는 생각이 듭니다. 부(府)의 방침입니까, 도(道)의 방침입니까?

번외(내무과장) : 리어카는 1940년도까지는 도세였습니다만 세제 정리의 결과 1941년도부터 부세로 이관되었습니다. 이것을 제11조 안에 추가한 것은 이 조례 개정으로 새로이 세를 부과하는 것이며 리어카에 대한 과세는 통상부회 때 이미 협찬을 받았습니다. 그런데 그

조례에 불비가 있었기 때문에 이번에 이것을 분명히 명시한 것뿐이
며 이 개정 조례에 따라 리어카에 대한 과세를 설정하는 것은 아닙
니다. 통상부회에 있어서는 불비 점이 있었기 때문에 이번에 이를
정비한 바입니다.

14번(平原武) : 철도역 구내 리어카는 윤도기(輪道機)로 끄는 것인데
이것도 해당됩니까?

번외(재무과장) : 지난번에 답변을 드린 리어카 대수는 238대이며 세
액은 119원으로 이는 실사한 것입니다. 역 구내의 것은 과세 물건이
되는지 아닌지 연구할 여지가 있지만 부의 과세대상에는 들어가 있
지 않습니다. 보통 과세하고 있는 것은 자전거로 끌던가 사람의 힘
으로 끄는 것 등입니다.

10번(厚地一政) : 그렇다면 리어카의 정의는 무엇입니까?

번외(재무과장) : 물건을 운반하는 것 가운데 가볍고 간편하게 운반하
는 용도로 사용하는 것으로 보통 리어카라고 칭하는 것을 말합니다.

(지각의원 4명 출석)

의장(부윤) : 본안에 대해 이의는 없습니까?

('전원 이의 없음'이라고 외침)

의장(부윤) : 그러면 표결을 하겠습니다. 제1호의안 나진부 특별영업
세, 잡종세조례 개정의 건은 이의가 없으므로 원안대로 가결 확정
합니다.

의장(부윤) : 제2호의안 나진부 회료지급조례 개정의 건을 상정합니
다. 제안 이유는 참여원이 설명하겠습니다.

번외(내무과장) : 지금 상정하신 제2호의안에 관해 설명 드립니다.
본안은 물가등귀에 따라 국비로 지불하는 관리에 대한 숙직회료가
지난번 증액되었기 때문에 이것과 균형을 취하기 위해 부비로 지

불하는 직원의 숙직회료도 이와 동액으로 하려는 것입니다. 이해해
주시기 바랍니다.

의장(부윤) : 본안 심의는 독회를 생략하고 진행하려는데 이의 없습니
까?

('이의 없다'고 외치는 자가 있음)

의장(부윤) : 그러면 이의가 없는 것 같으므로 독회를 생략합니다.

의장(부윤) : 본안에 애해 이의 없습니까?

('전원 이의 없다'고 외침)

의장(부윤) : 그러면 이의가 없으므로 제2호의안 나진부 회료지급조례
개정의 건은 원안대로 가결 확정되었습니다.

의장(부윤) : 제3호의안 1941년도 나진부 세입출 추가경정예산의 건을
상정합니다. 제안 이유는 참여원이 설명하겠습니다.

번외(내무과장) : 지금 상정하신 제3호의안에 관해 설명 드립니다.

편의상 세출 경상부 쪽부터 말씀드리겠습니다. 제2관 제2항 제7목
회료의 증액은 지금 심의를 마친 제2호의안에 기초해 앞으로 회료
의 소요액을 증액하려는 것입니다.

이어서 제3항 제1목 비품비의 증액은 이전부터의 요망에 따라 응접
실 겸 의원대기실의 비품을 정비한 것과 이전에 구입한 비품의 운
반 및 설치비가 부족하였으므로 그 소요액을 증가하려고 하는 것입
니다.

같은 항 제2목 소모품비의 추가는 물가 등귀 및 시국사무의 증가에
따라 지필묵 문구류의 구입비가 부족한 상태이기 때문에 이를 증액
하려고 하려는 것입니다.

이어서 제6항 제1목 청사 기타 수선비의 추가는 내무과장의 경질에
따라 공관의 수선비 예산이 부족하고 또 청사의 낙성에 따른 과실

(課室)의 배치 변경 등에 따라 전령(電鈴)의 변경 부착 등, 청사 밖 정원의 정돈 실시 등에 따라 청사의 수선비가 부족하므로 그 소요액을 추가하려는 것입니다.

이어서 제7항 제3목 감찰(鑑札)수선비의 추가는 총액 결정 후에 리어카에 대한 과세의 필요가 생겼으므로 이 감찰의 제조비를 추가하려는 것입니다.

이어서 제3관 제1항 도로수선비의 추가는 국비로 실시한 소화통(昭和通)의 포장 완성에 따라 고속차도, 완속차도 및 인도의 구별을 분명히 해 각기 사용의 효율을 최고도로 발휘하게 하기 위해 현재 매우 어지러운 상태로 방치되어 있는 소화통의 도보를 개수하려는 목적으로 그 소요액을 계상한 것입니다.

이어서 제3관 제3항 제6목 제수당부터 제18관 제2항 제7목 수당 및 급여까지의 추가는 이미 서면 동의를 통해 찬성을 받았습니다. 이원(吏員) 이하 고용인에 대한 임시수당의 소요액을 추가하려는 것이며 이에 대해서는 세입에 있는 바와 같이 국고보조가 있으므로 이해를 부탁합니다.

여기에서 잠시 전으로 돌아가 제13관 제2항 제5목 피복비의 추가는 훈련소생이 예상외로 증가했기 때문에 이에 지급해야 할 피복비를 증가한 것이며 제15관 제3항 제1목 부지수선에 있는 4,000원의 추가는 총예산에 있어서 낡은 부영주택의 부지 수선을 계상했는데 그 액수로는 부족할 듯하므로 그 부족액을 추가하려는 것입니다.

이어서 제23관 제1항 제1목의 추가는 가솔린펌프의 구입에 따라 이에 필요한 운전수급을 계상한 것과 앞서와 마찬가지로 이에 대한 임시수당을 추가하려는 것입니다.

같은 항목 제4목 치료료의 추가는 전에 ○○부두에서 화재가 있었을 때 출동하였던 소방수가 공무 때문에 부상을 입었기 때문에 규정에 따라 치료를 요하는 치료비를 계상한 것이며 제2항 제2목 소모품비의 추가는 지금 말한 가솔린펌프 구입에 의한 신탄유류 구입비를 추가하려는 것입니다.

이어서 제27관 제1항 잡급의 추가는 이전과 마찬가지로 임시수당의 계상에 의한 것입니다. 30관 제2항 과년도 지출의 추가는 전년도에 속하는 어채(魚採)시장 출하 및 하팔(荷捌)장려비의 지출이 미집행 상태에 있었기 때문에 이를 계상한 것 외에 작년말 용도계가 경질하였던 바 수용비에서 상당액의 경비가 미불로 되어 있는 것을 발견하였기 때문에 이번에 이 정리를 기도하여 그 미불액을 이에 계상한 것입니다. 미불액은 이외에 제1부 및 제2부 특별경제에 있어서도 약간 있으며 이는 이번에 말씀드릴 필요도 없고 계원 및 감독자의 책임입니다. 부 당국으로서 의원 각위 및 책임자 각위에 대해 매우 죄송합니다만 과거에 속한 일이므로 이번에 양해를 부탁드리며 협찬을 얻으려 생각하는 바입니다. 또 앞으로는 부윤 및 저희들이 충분히 주의를 하여 거듭 이러한 허술한 일이 생기지 않도록 확언을 하려고 생각합니다.

이어서 제8항 제5목 운용금 이자의 추가는 전년도예산의 미집행액을 답습한 것으로 국고보조금에 의해 생긴 운용금 이자를 국고에 납부하려는 것입니다.

이어서 임시부로 옮겨 제1관 토목비 제1항 및 제2항, 제2관 항만비, 제3관 제10항 제1목의 증축비, 제4관 상수도공사비, 제9관 군마보충부 이전비 및 제10관 공사용지 매수비에 있는 각각의 증액은 1940년도 결산의 실제에 따라 총예산에 계상한 것인 바 이상 여러 과목의 예산액을 실제로 적합하게 하려는 것입니다.

이어서 앞으로 돌아가 제1관 제3항 녹정(綠町) 앞 도로신설공사비라는 것은 여학교의 새 교사 완성에 따라 생도 통학의 편의상 시가지계획노선에 따라서 도로를 신설하려는 것입니다.

이어서 제3관 제5항 및 제10항 제2목의 추가는 지난번 간담회에서 찬성을 받은 부윤 관사의 정비에 필요한 비용을 계상한 것과 청사에 석탄 창고를 신축하려는 것입니다.

이어서 제11관 신사조영비의 추가는 신사에 봉사(奉祠)하는 신직(神職)에 대한 장속비(裝束費)를 추가하려는 것입니다.

이어서 제7관 제1항 제2목으로 부여신궁봉찬회(扶餘神宮奉贊會) 기부금을 계상한 것은 앞서 조영을 분부하신 내선일체의 발상지 부여신궁봉찬회에 대한 기부금으로서 상당액 거출의 요망이 있었기 때문에 이번에 이를 추가하려는 것입니다. 그리고 제2항 제11목 호조회 보조의 추가는 실제 할당액이 지난번의 추가예산으로 계상한 것으로부터 증액되었기 때문에 이를 계상한 바입니다.

마지막으로 제16관 세원조사비의 신설은 잘 아시듯이 토지증가세(增價稅)가 금년도를 마지막으로 폐지될 운명에 있기 때문에 늦었지만 이에 대신할 무언가 세원을 탐구하기 위해 이 조사비를 계상한 바입니다. 또 말씀드리는 것을 잊었습니다만 지금 말씀드린 임시부에서도 각각 경상부와 마찬가지로 임시수당의 소요액이 소요 과목에 드러나 있으므로 이해를 부탁드립니다.

이어서 세입으로 들어가 제1관 제1항 전년도이월금은 특정이월금에 관해서는 전년도 결산의 결과에 따라 세출에 적응해 그 실제액을, 일반이월금에 관해 세출 추가의 재원으로서 소요액을 수입(受入)하려는 것입니다. 제2관 제2항의 추가는 세출의 재원으로 청년훈련소비의 보조금이 증가하였기 때문에 이를 계상한 것이고 제11항 임시가족수당 보조의 계상은 임시가족수당에 관해 그 소요액의 10분의 4를 새로이 국고보조가 지급되는 것으로 되었기 때문에 이 금액을 추가한 것입니다. 이 때문에 이 액수만큼 일반재원이 뜨게 된 것입니다. 이어서 제12항 임시수당보조는 세출에서 설명해드린 대로 임시수당의 보조금을 견적한 것입니다.

이상 매우 간단히 서둘러 설명을 하였기 때문에 알기 어려울 것이라고 생각합니다만 의문이 드는 점은 질문에 따라 저 또는 다른 참여원이 상세히 답변을 드리려고 생각하므로 이상 양해를 부탁합니다.

의장(부윤) : 잠시 휴계합니다. (오후 1시 50분)

의장(부윤) : 회의를 재개합니다.(오후 2시 43분)

이어서 제1호보고 부제 제27조의 규정에 따른 부윤 전결처분사건을 보고합니다.

20번(岩石憲人) : 지금 제1호보고의 부제 제27조라고 되어 있는 것은 부제 제29조가 맞는 것 아닙니까?

번외(내무과장) : 제27조가 맞습니다. 긴급사건으로 전결처분을 한 것입니다. 이것은 도(道)에 신청하여 보조를 받을 예정으로 아직 보조금이 확실한 재원으로 되어 있지 않기 때문에 긴급사건으로서 처리했습니다.

의장(부윤) : 질문 없습니까?

(이의 없다고 외치는 자 있음)

의장(부윤) : 이의가 없는 것 같으므로 채결하겠습니다. 찬성하시는 분은 기립해주기 바랍니다.

(전원 기립함) 그러면 보고사건은 만장일치로 확정되었습니다.

의장(부윤) : 제3호의안에 관해 질문 없습니까?

20번(岩石憲人) : 세원조사비를 조금 자세하게 설명해주기 바랍니다.

번외(재무과장) : 답변하겠습니다. 사실 세원조사는 이것이라고 말하는 골자를 잡은 것은 아니지만 종래 토지증가세가 금년도를 마지막으로 폐지되고 이에 대신할 것에 관해 현재 전 조선 각지에 세원을 조사하여 정리했을 때 세무에 인계하는 것으로 생각됩니다만 전혀 새로운 조사를 하는 것은 아니고 지금까지의 자료를 대체로 연구해볼 작정입니다.

10번(厚地一政) : 지금 20번 의원이 질문하신 세원조사는 토지증가세에 대신할 세원을 구하는 것입니다만 사소한 경비를 가지고서는 충분한 조사가 되지 않는다고 생각합니다. 또 부에 기획부를 신설한 것 같은데 그것은 무슨 일을 하는지 설명을 부탁합니다.

번외(내무과장) 답변드립니다. 이 비용으로 조사를 한다는 것은 아니고 주로 자료수집 정리의 사무를 하게 합니다.

또 기획의 기구는 부(部)가 아니라 계(係)이며 관장사무는

    1. 공기업의 조사연구에 관한 사항

    2. 특명에 의한 조사에 관한 사항

    3. 부정(府政) 사무의 감사에 관한 사랑

    4. 조례규정 및 예규의 심사에 관한 사항

이상의 사무를 하게 하는 것으로 내무과장, 부윤의 특명에 의한 조사를 하게 하는 것입니다.

10번(厚地一政) : 기획과의 업무는 잘 알았습니다. 토지증가세를 대신하는 재원이란 상당히 다액을 요할 것으로 생각합니다만 부(府)사업이 증가한 오늘날 재원이 필요하게 되어 내년도 재원은 매우 많이 들어올 것으로 생각합니다. 재원이 상당히 부족하면 곤란할 것으로 생각하는데 이에 대처할 방책은 어떠합니까?

번외(내무과장) : 지당하신 말씀이라고 생각합니다. 예산을 취급하는 저희들도 걱정하고 고심하는 바입니다. 부윤도 저도 취임한 뒤 이제야 겨우 부정(府政)의 내용을 알게 된 정도이어서 당부(當府) 재원의 빈약에는 불안한 감이 있습니다. 저희들도 전혀 고려하지 않은 것은 아니지만 내년도예산은 다소 걱정이며 총독부에 대해 특수보조금을 받을 작정이며 상당히 노력하고 있습니다만 가능하면 보조금 등을 청하지 않고 당지에서 무언가 재원을 구하도록 연구중입니다. 현재로서는 분명한 것은 보이지 않는 상태입니다.

20번(岩石憲人) : 대체적으로 방침을 이해했습니다. 글자상으로 눈에 띄는 세원조사비라는 큰 이름에 비해 너무 적은 예산숫자라고 생각합니다.

번외(내무과장) : 보기에 비해 금액이 적다는 말씀입니다만 금년도를 마지막으로 폐지되는 토지증가세에 상당하는 재원을 부(府)로서도 연구하고 있다는 것을 예산에 보일 필요도 있고 재정보조금을 국고로부터 받은 사정도 있어 별도로 예산기술이라고 말할 것은 아니지만 특별한 과목을 설정하여 본부(本府)에 대한 제스추어라고 하는 것입니다.

1번(北村久七郎) : 세출 경상부 제3관 도로수선비의 수선 정도는 어떻습니까?

번외(讚井嘉平 기수) : 지금 토목출장소에서 간선의 훌륭한 도로포장이 이루어져 서둘러 도보를 만들기로 하였는데 부의 재정이 빈약하기 때문에 적당한 도보를 만들 수 없고 소화교에서 부청 앞까지 일단 사람이 걸어서 지장이 없도록 모래와 자갈을 섞어 축조하고 가벼운 로프를 걸치는 정도로 하였습니다.

14번(平原武) : 지금의 설명은 매우 불만스럽게 생각합니다. 이렇게 해서는 훌륭한 포장도로를 만들었으면서도 보행자에게는 도리어 보잘 것 없는 길을 지나다니게 하는 것이므로 조금씩이라도 튼튼한 것을 만드는 것이 좋겠다고 생각합니다. 이제 와서 풀이 아무렇게나 자라있는 길을 만들 필요는 없다고 생각하므로 소화교에서부터 점차 완전한 것을 만들면 어떻겠습니까?

번외(讚井嘉平 기수) : 답변드립니다. 말씀하신 것이 지당하다고 생각합니다. 장래성으로부터 생각하여도 그렇다고 생각하지만 어떻게든 보도를 지나게 된다면 일부에만 만들어서는 차도에 들어가게 되어 통행의 자유를 달성할 수 없기 때문에 가능한 정도까지 길을 만들어보려고 생각합니다. 즉 예산의 범위 안에서 가능한 일을 하여 일단 통행을 편리하게 할 계획입니다.

번외(내무과장) : 나도 14번 의원과 동감입니다. 그런데 이것은 ○○ 쪽의 요구에 의해 축조하는 것이어서 장래 훌륭한 것은 정부 쪽에서 담당하게 될 것이므로 이번에 많은 돈을 들이지 않고 그저 보행에 지장이 없는 것으로 만들려는 것입니다.

14번(平原武) : 부영주택의 부지 수선은 산을 잘라내어 부지로 삼았기 수선을 필요로 하는데 나진의 부지에 산을 잘라 평평하게 한 것 등은 이미 알고 계시리라 생각합니다. 이 궁정(宮町)의 주택은 부의 재정에는 영향을 미치지 않는다고 전 이사자의 설명이 있어 현 이사자와 설명에 차이가 있는데 이것은 정부가 내어놓아야 할 것이라고 생각합니다. 이어서 나진천 등이 수해를 입은 것 같은데 어느 정도입니까? 하천의 호안(護岸)의 상황 등은 어떻습니까?

번외(재무과장) : 부영주택의 수선비 문제입니다만 유지비는 1년에 10개월분을 보고 2개월분을 수선비로 충당하는 것으로 되어 있으므로 전 이사자는 어쩌면 이를 부가 돈을 내지 않고서도 수선이 가능하다고 말했을 지도 모릅니다. 그 점 오해가 없도록 양해를 부탁합니다.

번외(讚井嘉平 기수) : 14번 의원이 질문한 수해 정도입니다만 이것은 알고 계시듯이 큰 수해는 아니었지만 연일 우박이었기 때문에 갑간선(甲幹線)의 축벽 3,4개소, 제2간선 2,3개소, 제10간선 2,3개소, 간의동(間依洞) 방면이 상류의 토사로 피해가 상당히 있습니다. 약 4만 원의 국고보조를 신청 중인데 어떻게 될지 짐작이 되지 않습니다.

23번(金永光正) : 재해복구공사비 4만 원을 보조 신청중이라고 하는데 악본(岳本)학교 앞의 하천정리비는 어떻습니까?

번외(讚井嘉平 기수) : 축벽수리비 층 9천 원 정도가 듭니다.

23번(金永光正) : 9천 원의 보조가 올지 아닌지는 제2부 재정에 상당한 영향이 있는데 운동자이 없는 현상이기 때문에 무언가 받아서 복구를 완수하도록 부탁합니다.

번외(讚井嘉平 기수) : 지당하신 말씀인데 23번 의원은 악본학교 앞이라고 말했습니다만 전반에 대해 보조를 받으려 노력하고 있는데 부윤께서 상경해 진력해 보조를 받으려고 생각하고 있습니다.

17번(田中勇三郞) : 주택수선비 문제는 새로이 부영주택의 수선에도 사용하고 구 부영주택의 수선에도 사용한다고 하는데 그 내역을 제시하기 바랍니다.

번외(재무과장) : 이것은 서무과장의 신 주택이 500원이고 3,500원 전부 구 주택쪽입니다.

11번(上原熙珍) : 이전 부회에서 심의를 마친 제2구(幸町)시장의 건은 어떤 것입니까? 차량보조부 관계 수도공사는 현재 상황이 어떻습니까?

번외(재무과장) : 제2시장 건설에 관해서는 열심히 촉진하여 현재 기채 인가 신청 중입니다만 인가 보류중인 것 같습니다.

번외(讚井嘉平 기수) : 지금의 차량보충부 터의 수도배수관 이야기입니다만 이것은 알고 계시듯이 자재가 90% 들어가기 때문에 매우 고심하고 있습니다. 예산이 1941년, 42년, 43년이라는 것으로 초년에 2만 원, 나중 2년은 3만 원이라고 합니다만 전체를 하지 않으면 불가하다는 기술적 조치도 있고 자재는 초년도에 구입할 예정으로 진행중입니다. 지난 5월 본부에 가서 자재 방면에 노력해보았습니다만 ○○ 방면의 관계로 도저히 전망이 선지 않고 조선군에 물어보았더니 그 회답은 지당하다는 것이었습니다. 그래서 걱정을 해줄지 어떨지는 모르겠지만 필요수량의 명세를 보여달라고 말해서 현재 문서를 보내 놓았습니다만 제 생각으로는 군부에서 도와줄 것으로 생각합니다.

15번(中島彦作) : 보래정(寶來町) 도로개수로 인해 산을 잘라냈기 때문에 토사로 인가(人家)가 파묻힌 상태입니다만 이것은 꼭 적당한 대책을 강구해야 할 것으로 생각합니다. 암거(暗渠)를 메웠으므로 하수가 흐르는 것은 당연한 이치입니다만 잡목 하나도 들어가지 않는 것은 불친절하다고 생각합니다.

번외(讚井嘉平 기수) : 지당하신 말씀인데 대체로 급경사지의 공사이기 때문에 최초부터 예상치 못한 있고 무엇보다 지주 부담의 예산에 제한이 있기 때문에 현재로서는 그 대책이 어려운 상태입니다. 가능한 거시장시(据柴張柴) 등의 방법에 의해 유효한 방법을 생각해 취지에 부합하도록 연구하겠습니다.

14번(平原武) : 제3호의안에 관해서는 대체로 심의를 마쳤다고 생각하는데 지난해 지출 6천 수백 원은 그 금액도 호별세의 약 10%에 상당하는 것이기 때문에 앞으로 관리와 이원을 구별하지 않고 인사에 관해 충분히 고려를 부탁하는 것으로 하고 이에 찬성의 뜻을 표합니다.

번외(내무과장) : 지난해 지출에 관해서는 간담회 석상에서도 각각 논의가 있었는데 말하신 것은 이전이라고 생각하는데 정리방법으로서는 이외에 원만히 해결할 수 있는 것이 없다고 생각합니다. 앞으로는 부윤 이하 모두 충분히 주의해 이러한 전철을 밟지 않도록 이 자리에서 확언합니다.

20번(岩石憲人) : 지난해 지출은 원만히 해결하기 위해서가 아니라 절대 어쩔 수 없는 것으로 찬성합니다.

의장(부윤) : (이석)(오후 3시 50분)

부의장(厚地一政) : (의장석에 착석) 제3호의안에 관해 질문 없습니까? (이의 없다고 외치는 자 있음)

부의장(厚地一政) : 그러면 제3호의안 1941년도 나진부 세입출추가경정예산은 찬성이므로 원안대로 가결 확정되었습니다.

부의장(厚地一政) : 의장석을 물러나다(오후 3시 55분)

의장(부윤) : (착석)

의장(부윤) : 제2호보고 나진부 사무 및 출납검사규정에 따른 검사위원 보고를 하겠습니다.

20번(岩石憲人) : 올해 8월 15일부터 22일까지 부제 제15조에 의한 사무의 관리, 의결의 집행 및 출납을 검사하였으므로 이에 보고합니다.

1. 사무검사에서는 지난번에 비해 정리가 완비되어 있어 일견 이러한 정리방식이라면 모든 점에 상당히 주의하고 있다고 생각되는 정도로 정리하고 있다. 따라서 검열의 결과 특별한 위법한 취급 등을 발견하지 못했다. 그렇지만 세세한 부분에 걸쳐서는 다소

주의가 필요한 부분도 있지만 대략 양호하다.

2. 출납검사에 있어서는 두세 가지 유감스러운 점도 있지만 현재 부당국에서 착착 정리중으로 조만간 정리가 완료하는 것으로 판명되었기 때문에 보고를 생략하지만 앞으로 충분히 주의를 요하는 점이 있어 유감이다. 1941년 9월 2일 검사위원 대표 岩石憲人.

번외(내무과장) : 사무 및 출납검사의 결과 성적이 좋다고 하는데 앞으로 더욱 주의를 해서 유감이 없도록 하려고 생각합니다. 고맙습니다.

의장(부윤) : 오늘 의사는 이로써 전부 논의를 마쳤습니다. 회의록 서명의원의 지명은 의장에게 일임해주기 바라는데 이견 없습니까?

(전원 이의 없다고 외침)

의장(부윤) : (서명의원 지명) 이로써 폐회합니다.

(이하 생략-편자)

2) 1942년 8월 24일 제35회 나진부회 회의록

항 목	내 용
문 서 제 목	第35回 羅津府會會議錄
회 의 일	19420824
의 장	松岡修二(부윤)
출 석 의 원	北村久七郎(1), 高橋嘉一郎(3), 松下薰(7), 中山郁之亮(8), 上原熙珍(11), 渡部貴正(13), 平原武(14), 朝本秀雄(16), 平山學澈(18), 岩石憲人(20), 田中久吉(21), 荒井準(22)
결 석 의 원	南學錫(2), 柳瀨馨(4), 金岡治雄(9), 洪吉松(12), 中島彦作(15), 田中勇三郎(17), 金永光正(23), 吉田九平(24), 결원 (5, 6, 10, 19)
참 여 직 원	川和田秋彦(내무과장), 茂元裕光(재무과장), 讚井嘉平(토목과장), 藤島與市(부서기), 中島太三郎(부서기), 宮村春爕(부서기), 尾下正夫(부서기)
회 의 서 기	金永光郎(지방서기), 大原東輝(고), 松山茂雄(고)
회 의 서 명 자 (검 수 자)	松岡修二(부윤), 北村久七郎(1), 高橋嘉一郎(3)
의 안	제1호의안 1942년도 나진부 세입출 추가경정예산의 건, 제2호의안 나진부 직원임시가족수당지급조례 개정의 건, 제3호의안 나진부 직원임시수당지급조례 개정의 건, 제4호의안 1941년도 나진부 세입출 결산보고의 건, 제5호의안 1941년도 나진부 시가지계획 토지구획정리사업비 특별회계 세입출 결산보고의 건, 제6호의안 1941년도 나진부 시가지계획 제2구 토지구획정리사업비 특별회계 세입출 결산보고의 건, 제7호의안 1941년도 나진부 시가지계획 제3구 토지구획정리사업비 특별회계 세입출 결산보고의 건, 제1호자문안 나진부 도로손상비 부담금 징수규정 설정의 건
문 서 번 호 (I D)	CJA0003776
철 명	세입출결산서류
건 명	소화16년도나진부시가지계획제3구토지구획정리비특별회계세입출결산(회의록첨부)
면 수	14
회의록시작페이지	507
회의록끝페이지	520

설　명　문	국가기록원 소장 '세입출결산서류'철, '소화16년도나진부시가지계획제3구토지구획정리비특별회계세입출결산(회의록첨부)'에 포함된 1942년 8월 24일 제35회 나진부회 회의록

해 제

본 회의록(총 14면)은 국가기록원 소장 '세입출결산서류'철, '소화16년도나진부시가지계획제3구토지구획정리비특별회계세입출결산(회의록첨부)'에 수록되어 있는 1942년 8월 24일 열린 제35회 나진부회 회의록이다.

이 회의록은 국가기록원 소장 문서 CJA0003776 486-498쪽, 532-545쪽, 553-566쪽에 중복 수록되어 있다.

내 용

의안 :

제1호의안 1942년도 나진부 세입출 추가경정예산의 건

제2호의안 나진부 직원임시가족수당지급조례 개정의 건

제3호의안 나진부 직원임시수당지급조례 개정의 건

제4호의안 1941년도 나진부 세입출 결산보고의 건

제5호의안 1941년도 나진부 시가지계획 토지구획정리사업비 특별회계 세입출 결산보고의 건

제6호의안 1941년도 나진부 시가지계획 제2구 토지구획정리사업비 특별회계 세입출 결산보고의 건

제7호의안 1941년도 나진부 시가지계획 제3구 토지구획정리사업비

특별회계 세입출 결산보고의 건
제1호자문안 나진부 도로손상비 부담금징수규정 설정의 건

부윤(松岡修二) : 지금부터 제35회 나진부 부회를 개회합니다.

번외(내무과장) : 개의에 앞서 국민의례를 행합니다. 전원 기립하여 궁성요배를 한 뒤 동아전쟁 필승을 기념하고 묵도를 올림.(전원 착석)

의장(부윤) : 결석의원 호명, 참여원 및 부회 서기를 호명.(중략-편자)
　　부의장 선거의 건 등 9건의 의안 제시.(중략-편자)
　　일정에 따라 부의장 선거를 실시하려고 합니다. 부의장은 지명 추천을 합니까? 투표 선거로 합니까?

20번(岩石憲人) : 그것은 사전에 결정되어 있지 않습니까?

의장 : 결정되어 있지 않습니다.

20번(岩石憲人) : 지금 말한 지명이란 의장의 지명입니까?

(휴게 오후 2시~2시 5분)

20번(岩石憲人) : 지명 추천을 부탁드리고 싶습니다.

의장 : 20번 의원으로부터 지명 추천의 의견이 있었는데 이의 없습니까?

(전원 이의 없음)

의장 : 그러면 이의가 없으므로 지명 추천에 있어 어느 분인가 지명을 부탁합니다.

20번(岩石憲人) : 22번 아라이 준(荒井準) 의원을 부의장으로 추천합니다.

의장 : 지금 22번 아라이 의원에 부의장 지명 추천이 있었는데 동의하

시는 분은 기립해주시기 바랍니다.

(전원 기립)

의장 : 이의 없이 만장일치로 가결하였으므로 황정준 의원이 부의장으로 결정되었습니다. 그러면 부의장의 인사를 부탁합니다.

부의장(荒井準) : 인사드립니다. 정말로 불비하고 재주가 없는 자가 여러분의 추천에 의해 부의장으로 선출된 것은 분에 넘치는 중책이어서 과연 직무를 완수할 수 있을지 걱정이 됩니다.

의장 : 일정에 따라 제1호의안을 상정합니다. 참여원이 설명을 하겠습니다.

번외(내무과장) : 제1호의안 나진부 세입출 추가경정예산을 설명합니다. 심의의 편의상 세출부터 설명하겠습니다. 경상부 제1관 회의비에서 3,000원의 증가는 회의용 의자 및 기타 비품의 필요로 인해 경비를 추가 계상했습니다.

제2관 사무비에서 3,700원의 증가는 사무용 책상과 의자를 비치하려는 것과 올해 4월부터 실시된 전화규칙 개정에 따른 통신비의 증가를 계상했습니다.

제25관 권업제비에서 107원의 증가는 신안채조(新安採藻)조합으로부터 지정기부를 받은 기세(磯洗)사업비의 이월사업비를 계상했습니다.

제26관 경방비에서 2,000원의 증가는 시국하 갑작스러운 유사시를 대비하기 위해 시한 및 불발폭탄 처리반 2개소의 기구 구입비를 신규 계상했습니다.

임시부 제1관 토목비에서 9,050원의 감소는 철주동림도(鐵柱洞林道) 신설에 필요한 직원의 여비 400원을 신규 증액했습니다만 전년도 국고보조에 따른 도로 및 하수 재해복구공사 및 특수도로보수공사가 예정대로 진척되었기 때문에 그 이월금이 감소했기 때문입니다.

제2관 연안무역설비비에서 54,955원의 증가는 전년도 계속비공사비의 금액을 금금년도에 이월 사용하려고 하기 때문입니다.

제3관 파제제(波除堤) 축조공사비에서 66,495원의 증가는 전년도 특정이월공사비를 추가했습니다.

제5관 신영비에서 10,740원의 증가는 전년도 지령식 전화시설이월공사비를 계상한 것과 긴급방공에 대한 자재의 정비비 및 작년도 실시미료의 나진경방비단본부 건축비를 추가 계상했습니다.

제6관 상수도공사비에서 27,143원의 증가는 전년도 시설미료에 따른 이월공사비를 증액 계상했습니다.

제7관 군마보충부 터 수도배수관 부설공사비에서 15,230원의 증가는 전년도 공사 시행미료에 따른 이월공사비를 추가했습니다.

제9관 비부 및 보조에서 11,600원의 증가는 철주동림도 개설공사비를 신규 계상한 것과 체육진흥회 경비의 보조금을 계상했습니다.

제11관 군마보충부 이전비에서 11,638원의 감소는 전년도의 이월금이 감소했기 때문입니다.

제12관 공업용지 매수비에서 9,646원의 증가는 전년도의 보상비 미불금 및 잡비를 계상했습니다.

제16관 부채비에서 25,387원의 증가는 파제제 축조공사비의 단기채 만기 전 상환비를 계상했습니다. 이어서 세입으로 넘어갑니다.

세입 경상부 제6관 잡수입에서 30,850원의 증가는 나중에 상정하는 제1호자문안 도로손상부담금징수규정 설정에 따른 부담금을 신규 계상한 것과 국제운수주식회사와 뒷교섭한 규칙 ○○○ 이전비 보상을 금년도 수입하려했기 때문입니다.

(중략·편자)

제5관 기부금에서 5,000원의 증가는 철주동림도 신설 공사비의 일부로 나진신탄조합으로부터 지정기부를 징수하려고 계상했습니다. 제8관 재산매각대에서 31,014원의 증가는 유현동(踰峴洞) 공동묘지터의 매각대를 금년도에 수입하려고 한 것입니다. 간단합니다만 이상으로 설명을 마치려고 합니다. 아직 설명이 불충분한 점에 관해서는 질문을 하시면 저나 다른 참여원이 설명을 하겠습니다.

의장 : 독회의 낭독을 생략하려고 하는데 이의 없습니까?

(전원 이의 없다고 외침)

20번(岩石憲人) : 오늘은 정족수에 달했습니다만 지금 내가 나가게 되면 정족수에 모자르게 되는데 어떻습니까?

의장 : 잠시 휴게하겠습니다.(오후 2시 35분~3시 6분)

의장 : 제1호의안에 이의 없습니까?

(전원 이의 없다고 외침)

의장 : 이의가 없으므로 제1호의안은 원안대로 가결 확정합니다.

의장 : 제2호의안 나진부 직원임시가족수당지급조례 개정의 건, 제3호의안 나진부 직원임시수당지급조례 개정의 건을 일괄 상정합니다. 참여원이 설명하겠습니다.

번외(내무과장) : 종래 연봉자에게는 임시가족수당과 임시수당을 지급하지 않는 것으로 되어 있는데 금년도부터 지급하는 것이 좋겠다는 관련 부서로부터 결정이 있었기 때문에 본안을 상정했으므로 양해를 부탁합니다.

의장 : 독회 낭독을 생략하고 싶은데 이의 없습니까?

(전원 이의 없다고 외침)

의장 : 두 의안 모두 이의 없습니까?

(전원 이의 없다고 외침)

의장 : 이의 없으므로 제2호의안 나진부 직원임시가족수당지급조례
　　　개정의 건, 제3호의안 나진부 직원임시수당지급조례 별지와 같이
　　　개정하는 건은 원안대로 가결 확정합니다.

의장 : 자문제1호 나진부 도로손상비부담금징수규정을 별지와 같이
　　　설정하려는 자문안을 상정합니다. 참여원이 설명하겠습니다.

번외(부서기 中島太三郎) : 도로손상부담금 징수규정은 도로령에 따른
　　　것으로 함경북도에서 준칙을 정하여 이에 따른 것입니다. 도에서는
　　　이미 1939년도부터 실시하고 있는데 당부에서는 올해부터 실시하려
　　　고 합니다. 과세는 승용, 화물, 자동차에 대한 것으로 그 가운데 우
　　　편자동차, 소방자동차, 만철 소유 자동차를 비과세로 하고 경찰자동
　　　차도 이에 준하는 것으로 하는 것이 적당하다고 생각하며 그 밖은
　　　각 관청용도 전부 과세차가 됩니다. 과세할 차의 대수는 승용 13대,
　　　화물 21대로 모두 34대입니다. 과세액은 1년에 한 대 평균 50원 남
　　　짓으로 전망합니다.

14번(平原武) : 관청의 자동차에도 부과합니까?

번외(부서기 中島太三郎) : 부과합니다.

14번(平原武) : 우마차에는 부과하지 않습니까?

번외(부서기 中島太三郎) : 부과하지 않습니다.

1번(北村久七郎) : 제2조의 도로 수선 또는 유지비의 매년도 예산액은
　　　어느 정도입니까?

번외(부서기 中島太三郎) : 현재는 조사하지 않았습니다만 나중에 조
　　　사해 답변하겠습니다.

3번(高橋嘉一郎) : 제2조에 자동차만 과세하는 것으로 되어 있습니다만
　　　실제 문제로 우마차가 도로를 손상시키는 것이 아닌가 생각합니다만.

번외(내무과장) : 동감입니다. 이것은 도의 준칙에 기초해 하고 있습니다만 앞으로 도 당국과 절충해 연구하려고 생각합니다.

7번(松下薰) : 도로는 제한하고 있습니까?

번외(내무과장) : 부내 일반도로에 적용합니다.

7번(松下薰) : 제2조 제2항의 자동차운수자 및 자동차운송업자의 구별은 어떠합니까?

번외(부서기 中島太三郎) : 비슷합니다만 분명한 한계는 조사하지 않았습니다.

14번(平原武) : 제2조와 제4조에 화물자동자전거는 과세하고 보통자동차 자전거에는 과세하지 않는 것은 어떠한 이유입니까?

번외(부서기 中島太三郎) : 본 규정은 준칙에 따라 과세하지 않는 것으로 되어 있습니다.

(하략-편자)

Ⅲ
읍면회 회의록

1. 수원읍회 회의록

1) 1941년 3월 29일 수원읍회 회의록

항 목	내 용
문 서 제 목	水原邑會會議錄
회 의 일	19410329
의 장	梅原靜雄(읍장)
출 석 의 원	朝原宗良(1), 吉浦英信(2), 靑木爲一(3), 椿原寅雄(4), 黑岩覺一(5), 芋田甫(7), 淸原光鎬(8), 鈴川泰重(9), 三和基成(10), 梁川龍夫(11), 洪原吉善(12), 橫江吉四(13), 高山在燁(14)
결 석 의 원	무
참 여 직 원	木村榮吉(부읍장), 西浦重臣, 石井岩十郎, 松浦住五郎, 前田里志, 朝光載憲, 豐川載益, 藤田信一, 崔完永壽, 大原命根, 廣田豊, 石原光雄, 森山榮夫, 金山永一, 橫原鳳玉(이상 서기), 西原雯澤(기수), 漢川浩平(촉탁)
회 의 서 기	
회 의 서 명 자 (검 수 자)	梅原靜雄(읍장), 鈴川泰重(9), 三和基成(10)
의 안	의안제4호 1938년도 수원읍 세입출 추가경정예산의 건, 의안제5호 1939년도 수원읍 세입출 결산의 건, 의안제6호 1939년도 수원읍 농량자금 특별회계 결산의 건, 의안제7호 1941년도 수원읍 세입출예산의 건, 의안제8호 1941년도 호별세부가세 이외의 부가세 과율의 건, 의안제9호 수원읍 부가세규칙 개정의 건, 의안제10호 수원읍 특별세규칙 개정의 건, 의안제11호 수원읍 화장장사용규칙 개정의 건, 의안제12호 수원읍 도로수익자부담금징수규정의 건, 의안제13호 수원읍 도서관규칙의 건, 의안제14호 수원읍의 보통재산인 부동산 가운데 부동산 매각처분의 건, 의안제15호 수원읍 보통재산인 부동산 가운데 부동산 매각처분의 건, 의안제16호 수원읍 기본재산인 부동산 가운데 부동산 매각처분의 건, 의안제17호 1941년도 수원읍 농량자금 특별회계 세입출예산의 건
문 서 번 호 (I D)	CJA0015882
철 명	부읍면도로수익자부담금징수규정인가관계(각도)(토목행정계)

건 명	도로수익자부담금징수규정 제정의 건(수원읍)회의록
면 수	26
회의록시작페이지	152
회의록끝페이지	177
설 명 문	국가기록원 소장 '부읍면도로수익자부담금징수규정인가관계(각도)(토목행정계)'철, '도로수익자부담금징수규정 제정의 건(수원읍)회의록'에 포함된 1941년 3월 29일 수원읍회 회의록

해 제

본 회의록(총 26면)은 국가기록원 소장 '부읍면도로수익자부담금징수규정인가관계(각도)(토목행정계)'철, '도로수익자부담금징수규정 제정의 건(수원읍)회의록'에 수록되어 있는 1941년 3월 29일에 열린 수원읍회 회의록이다.

내 용

부의 의안
의안제4호 1938년도 수원읍 세입출 추가경정예산의 건
의안제5호 1939년도 수원읍 세입출 결산의 건
의안제6호 1939년도 수원읍 농량자금 특별회계 결산의 건
의안제7호 1941년도 수원읍 세입출예산의 건
의안제8호 1941년도 호별세부가세 이외의 부가세 과율의 건
의안제9호 수원읍 부가세규칙 개정의 건
의안제10호 수원읍 특별세규칙 개정의 건
의안제11호 수원읍 화장장사용규칙 개정의 건

의안제12호 수원읍 도로수익자부담금징수규정의 건

의안제13호 수원읍 도서관규칙의 건

의안제14호 수원읍의 보통재산인 부동산 가운데 부동산 매각처분의 건

의안제15호 수원읍 보통재산인 부동산 가운데 부동산 매각처분의 건

의안제16호 수원읍 기본재산인 부동산 가운데 부동산 매각처분의 건

의안제17호 1941년도 수원읍 농량자금 특별회계 세입출예산의 건

읍장(梅原靜雄) : 읍회 개회에 앞서 궁성요배 및 출정군인의 무운장구 기원과 전몰장병의 영령에 대해 1분간 묵도를 바칩시다.

일동 기립

궁성요배

묵도(1분간)

읍장 : 오늘 여기에서 읍회를 개회하여 1941년도 예산안 및 1939년도 결산보고, 기타 제출의안에 관해 심의해주시기 바라며 읍민 복지의 증진을 꾀하고 국가의 융성에 도움이 될 수 있는 것은 무엇보다 저의 영광이고 행복인 바입니다.

지금 支那사변은 천황의 위세 아래 황군 장병의 용맹과감함과 총후 국민의 직역봉공 분투노력에 의해 착착 전과를 거두고 오로지 동아공영권의 확립에 매진하고 있는 것은 매우 기쁘게 생각합니다. 그리고 매우 복잡한 국제정세는 전도를 예측할 수 없는 수많은 난관이 가로놓여 영국·미국 양국은 敵性을 노골화하여 이른바 일촉즉발의 위기를 품고 있어 잠시라도 방심할 수 없습니다. 그렇다면 우리들은 앞으로 무엇을 해야 하는가? 즉, 더욱 국민정신의 긴장을 꾀하고 총력을 다해 성업 달성에 전력을 경주해야만 합니다.

이것을 위해 먼저 국민총력연맹의 강화를 철저하게 행해 읍연맹은

물론 町연맹, 애국반의 활동을 촉진하는 것이 무엇보다 긴요하며 이 지도에는 앞으로 더 한층의 노력을 필요로 하는 바입니다. 이 町연맹에서도 매우 성적이 우수한 자가 있어 최근 본정 3정목 남창정은 성적이 우수하여 조선총독으로부터 표창을 받았는데 그밖에도 상당히 활동하고 있는 연맹도 있습니다만 더욱 강화하지 않으면 이 초비상시국에 난관을 돌파할 수 없다고 생각합니다.

또 이러한 장기전에 대비하기 위해서는 농산물 생산확충의 방침을 수립하여 먼저 식량의 충실을 꾀하고 생활의 안정을 얻게 하며 나아가 병참기지로서의 사명을 다해야 하며 이를 위해서는 지주 및 농민에 대해 시국 인식과 지도 장려에 만전을 다할 필요가 있다. 따라서 이에 종사하는 읍직원의 증가가 필요하며 또 식량 증산에 대한 보조금에 의한 시설을 필요로 하기에 이르렀습니다.

수원읍의 발전에 관해서는 수원 사람에 불타는 여러분의 열성적 협력과 원조에 의해 착착 진전되고 있음을 매우 기쁘게 생각합니다. 그리고 지방 발전은 무엇보다도 생산공장의 설치가 제일입니다. 작년에는 수원역의 남방에 조선농기구주식회사 공장이 여러분의 진력에 의해 신설되었고 또 북문밖에는 큰 운모공장이 만들어졌고 또 직물공장은 해마다 약진을 하고 있어 여공이 부족한 상태에 이르렀습니다.

기타 제재, 제함, 빵가루 제조공장 등이 속속 설치되고 있습니다. 다행이 본읍은 교통기관이 종횡으로 발달하고 읍내 및 부근에는 약 300만 평의 광대한 공장지대를 갖고 있으므로 앞으로 우리들의 활동에 의해 기회를 촉구한다면 각지에서 공장의 실현을 보는 것은 상상할 수 있습니다. 녹지지대가 많고 풍광이 아름다운 본읍은 학원지로서 절호의 지역으로 이미 농업학교가 설치되었고 1941년도에는 고등여학교의 설치가 결정되어 이미 입학시험을 마치고 조만간 개교하게 되어 본읍의 다년간의 요망이 실현되어 자녀 교육상 더없이 경축할 일입니다. 이 기회에 당국 관헌, 도회 의원 및 고등여학교유치기성회에 대해 감사의 뜻을 표하는 바입니다.

읍도서관은 개관 이래 상당한 열람자가 있는데 읍재정의 관계로 도서가 부족합니다. 앞으로 도서 비치가 급무입니다. 조만간 개관식을 행해 유력자 및 일반인의 인식을 심화하고 원조를 요청하는 등 점차 내용을 개선하려고 생각하고 있습니다.

본읍 사업 가운데 가장 급히 시행을 요하는 시구개수공사 및 상수도신설사업은 도 본부에 대해 여러 가지로 절충을 거듭하고 있는데 잘 알고 계시듯이 비상시국하에서 국책상 긴급사업 이외에는 국비의 보조가 없고 또 수도사업 등은 자재난의 관계도 있어 1941년도에도 보조를 받을 수 없었던 것은 매우 유감입니다.

본읍은 최근 각종공업의 발전과 일반 읍세의 진전에 따라 인구 3만 288명에 달해 장래 상당한 발전 추세에 있고 시가의 근본적 계획, 도시시설의 지침이라고 할 시가지계획결정을 공표하는 것은 본읍 초미의 급무로써 오랫동안 당국에 요망하였는데 이번에 총독부에서 시가지계획령 적용을 실시하기 위해 이미 관계관을 파견하여 실지조사를 개신하였으므로 본읍에서도 제반 조사에 최선을 다하여 올해 안에는 부비 적용이 되도록 절망하는 바입니다. 이어서 본 계획령 적용에 대해 그 준비공작에는 상당한 직원이 필요하고 또 토목사업에 주력하기 위해서는 기구기계류의 신규 구입이 필요하기 때문에 시가지계획 경비로 격증한 것입니다.

1941년도 예산안은 본읍의 현상과 사업의 완급, 시국 관계 및 읍재정 등을 감안하여 편성하였는데 다소간 물자부족, 여러 물가의 등귀, 인부임금의 등귀, 가족수당 지급 등 경비의 증가를 가져왔습니다.
세출예산 가운데 주요한 것 또는 특수한 것은 들어보면,

1. 수원역 신도 포장공사
2. 서둔정 이내교 교량 재설치 공사
3. 격리병사 건축공사
4. 시가지경영사업 2개소
5. 운동장 정지사업
6. 모범우물 굴착

보조사업

(1) 재향군인회 수원분회 보조
(2) 정회비 보조
(3) 고구마묘(甘藷苗) 구입 보조
(4) 감자 종자 구입 보조

외 4건입니다.

본읍의 사무에 관해 한 마디 말씀드릴 것은 현재 비상시국하에서 제일선에 있는 읍의 사무는 매우 팽창했습니다. 문서의 건수는 1939년의 수발문서의 통계가 서무, 재무를 통해 11만 4천 건이었는데 1940년은 15만 2천 건으로 3만 8천 건이 증가하여 33% 이상 증가를 보이고 있습니다.

또 시국하 중요하고 복잡, 긴급한 사건이 돌발해 읍 기구의 개선, 인원의 증가 등을 필요로 하고 이를 세출에 계상해 제안한 바입니다. 부디 양해해주시기 바라는 바입니다.

이상 所懷의 일부를 말씀드렸습니다만 장래 읍직원 일동은 읍정을 위해 오로지 전심하여 지성으로 직역 奉公할 각오입니다. 또 모든 일을 衆智와 公論에 입각해 읍정에 임하려 생각합니다. 부디 앞으

로 협력해주시기 바랍니다.

의안의 상세는 참여원이 설명을 해드리므로 신중하게 심의를 하여 원안에 협찬할 것을 절망하는 바입니다. 이상 인사말을 드립니다.

의장 : 지금부터 읍회를 개회합니다.

의장 : 본 읍회의 일정 및 참여원을 보고합니다.

　　　일정[의안 생략]

　　　참여원[명단 생략]

14번(高山在燁) : 3만 읍민과 18만 군민의 다년간의 현안이었던 수원 공립고등여학교도 드디어 1941년도부터 실현을 보게 되어 매우 기쁩니다. 본 읍회의 결의로 要路에 감사전보를 보내고 싶다고 생각합니다. 또 전문과 편명은 모두 의장에게 일임할 것을 동의합니다.

(찬성자 있음)

의장 : 지금 다카야마 의원으로부터 수원공립고등여학교 설립에 대해 관계 당국에 대해 감사전보를 보내는 건에 대해 동의가 있었고 찬성자도 있었습니다. 또 전문의 기초 및 편명은 의장에게 일임하였는데 이의는 없습니까?

(전 의원 찬성)

의장 : 그러면 감사전보를 보내겠습니다.

의장 : 본 읍회의 서명의원은 미리 의정한 것을 바탕으로 순번에 해당하는 9번 鈴川泰重 씨와 10번 三和基成 씨에게 부탁합니다.

의장 : 의안 제4호 1940년도 수원읍 세입출 추가경정예산의 건에 관해 심의를 부탁합니다.

의장 : 제4호 의안을 낭독할까요?

14번(高山在燁) : 낭독은 생략하는 것이 어떨까요?

(전 의원 자리에서 찬성의 뜻을 표함)

의장 : 낭독은 생략하고 예산의 내용에 관해 참여원이 설명하겠습니다.

번외(廣田豊) : 1940년도 세입출 추가경정예산에 관해 설명하겠습니다.(예산서 및 설명서, 관계서류에 의해 설명)

의장 : 본안에 대해 질문은 없습니까?

3번(靑木爲一) : 경상부 제18관 재산비에서 주림벌채비(株林伐採費)가 기정예산 407원에 비해 1,133원이 늘어나 있는데 증가이유에 관해 설명해주기 바랍니다.

번외(廣田豊) : 벌채비가 많은 금액이 된 것은 최초의 재적(材積)이 86척체(尺締)9)가 될 것으로 예상했는데 338척체가 되었고 따라서 시업(施業)비가 이에 동반해 증가하게 된 것입니다. 수입에 있어서도 1,697원 증가했습니다.

번외(石井岩十郎) : 당초 일왕면(日旺面) 사방림 시업조합의 산정에 따라 그 액수를 예산에 계상했습니다만 실제로 시업한 결과 동 조합으로부터 정산 통지에 따르면 이와 같이 시업비 및 수입이 증가했기 때문에 예산을 추가한 바입니다.

3번(靑木爲一) : 이러한 사업은 오히려 입목인 상태로 읍이 직접 매각하는 편이 이익이었을 지도 모른다고 생각합니다. 비용이 너무나 많아진 감이 있습니다. 대체로 벌채면적은 어느 정도입니까?

번외(石井岩十郎) : 장소가 일왕 사방림시업조합의 구역이므로 공공단체나 혹은 개인을 묻지 않고 조합에 가입해 사업을 맡기더라도 동 조합이 시업을 하는 것으로 정해져 있기 때문에 동 조합에 대행하

---

9) 척관법(尺貫法)에 의한 목재(木材)의 체적 단위로 한 자 평방, 12자 길이의 각목(角木)의 체적(약 0.33m³).

게 하는 것입니다. 벌채 면적은 약 5정보입니다.

3번(靑木爲一) : 설명을 들으니 대체로 납득할 수 있었는데 이러한 사업에 관해서는 앞으로 조금 더 고려와 연구를 할 필요가 있다고 생각합니다.

의장 : 본 사업은 일왕 사방림사업조합에 의탁 실시한 것이기 때문에 동 조합에서도 상당히 주의해 사업을 실시한 결과 지출한 경비라고 생각합니다만 장래 제시한 의견을 고려해 더욱 연구할 생각입니다.

12번(洪原吉善) : 사업조합에서 목탄을 태우는 일은 자신이 스스로 한다면 지출도 상당히 절약할 수 있지만 어쨌든 조합 등에 대행하게 할 때는 예상 외로 비용이 들기 때문에 앞으로 동종의 사업에 관해서는 충분히 주의해서 선처하기를 희망합니다.

의장 : 앞으로 선처하겠습니다.

의장 : 제4호의안은 상당히 논의를 거듭했기 때문에 독회를 생각하고 재결하려고 하는데 어떻습니까?

(전 의원 이의 없음)

의장 : 본안에 관해 찬성하는 분은 거수해주기 바랍니다.

(전 의원 거수)

의장 : 전원이 찬성했으므로 의안제4호 1940년도 수원읍 세입출 추가 경정예산은 원안대로 확정 의결합니다.

의장 : 이어서 의안제5호 1939년도 수원읍 세입출 결산의 건에 관해 보고합니다. 본건은 낭독을 생략하려고 하는데 어떻습니까?

(전원 찬성)

의장 : 지난번 읍의 회계검사를 위원에게 부탁했는데 그 결과 보고를 부탁합니다.

5번(黑岩覺一) : 제가 검사의 개요를 보고합니다. 3월 27일 검사를 했습니다만 마침 당일 芋田甫 씨 및 椿原寅雄 씨가 각각 사고 때문에 결석하였기 때문에 나와 鈴川泰重 씨, 梁川龍夫 씨 3명이 검사를 했습니다. 그런데 당 읍사무소로부터 제출된 1939년도 현금출납부 및 동 보조부 기타 관계서류에 관해 세밀하게 점검, 검사를 했습니다만 동년도 세입출의 사무 및 출납 처리의 상황에 관해 대체로 적정하며 각종 적립금에도 아무런 잘못된 점이 없어 동년도 중의 회계 사무 일체가 적정하다고 인정되었으므로 간단하지만 보고 드립니다.

의장 : 본건 결산에 관해 질문은 없습니까?

(전 의원 이의 없음)

의장 : 이의가 없으므로 1939년도 결산보고의 건은 원안대로 승인으로 인정합니다.

의장 : 의안제6호 1939년도 수원읍 농량자금 특별회계 결산의 건을 보고합니다. 본건의 낭독을 생략하려고 합니다만 어떻습니까?

(전 의원 이의 없음)

의장 : 본건에 관해 질문은 없습니까?

(전 의원 이의 없음)

의장 : 본건에 관해 이의가 없으므로 승인으로 인정합니다.

의장 : 방금 수원공립고등여학교 설립 감사전보의 초안 작성을 마쳤으므로 낭독합니다.

"당 지방에서 다년간 열망해온 수원공립고등여학교가 마침내 설립된 것은 각하(귀하)의 높은 배려 덕분으로 이에 본 읍회 만장일치의 격의에 따라 심심한 감사를 표합니다.

본부 학무국장, 경기도지사, 본도 내무부장, 본도 학무과장 앞

　　수원읍회 의장 梅原靜雄"

의장 : 본 전문안에 대해 의견은 없습니까?

(전 의원 이의 없음)

의장 : 그러면 지금 타전하겠습니다.

의장 : 의안제7호 1941년도 수원읍 세입출예산의 건을 부의합니다.

의장 : 본건의 낭독을 생략하려고 하는데 어떻습니까?

(전원 이의 없음)

의장 : 세출 경상부와 임시부를 일괄해 제1독회의 개최합니다. 예산의
    내용에 관해서는 번외가 설명을 하겠습니다.

번외(石井嵓十郞) : 그러면 제가 설명하겠습니다.

(예산서 및 동 설명서에 의해 상세히 설명)

(정오 사이렌에 따라 일동 1분간 묵도를 바치다)

의장 : 잠시 휴게합니다.(오후 0시 5분)

의장 : 지금부터 의회를 재개합니다.(오후 1시 5분)

7번(芋田甫) : 나는 본건 예산은 작년부터 소액 증가하고 있는데 이것
    은 무엇을 표준으로 늘어났는지 상세히 알고 싶다. 즉, 이 증액은
    먼저 이 정도 늘리면 좋을 것이가 생각해 편성한 것인지, 또는 다른
    관공서의 예에 따른 것인지, 아니면 물가의 현상을 고려해 늘린 것
    인지, 이밖에 달리 근거한 것이 있어 늘린 것인지를 알고 싶습니다.

의장 : 앞서 번외가 설명한대로 주로 물가의 상승과 사무 분량의 증가
    를 고려하였고 또 1940년도의 실적을 감안해 계상한 것입니다. 각
    기 확실한 기초가 있습니다. 즉, 물가의 상승 상황은 이미 알고 계
    시듯이 여기에서 설명할 필요가 없습니다만 사무 쪽은 재작년 본
    읍에서 문서수발건수는 114,699건에 비해 1940년도의 건수는
    151,952건으로 33%의 증가를 보여 이 문서의 수발건수에 따라 읍 사
    무 각 부분에 걸쳐 사무의 양이 어떻게 증가하고 있는지를 웅변하

고 있습니다.

14번(高山在燁) : 세출 경상부 3관 사무비에서 서기급이 평균 1인 월액 51원, 고원급 평균 1인 월액 35원으로 되어 있는데 현재 이대로 지급하고 있는지요? 4관 토목비에서 교량 암교 수선 66개소가 있는데 어디를 수선하는지 불분명하다. 또 하수비에서 1000원을 계상하였는데 이것 또한 어디를 수선하는지 명확하지 않으므로 상세한 설명을 바랍니다.

번외(木村榮吉) : 현재의 서기급은 1인 평균월액 48원, 고원급은 1인 평균월액 28원입니다. 그 가운데에는 저급자가 있는 관계로 현재에는 이러한 급료액으로 되어 있습니다.

번외(朝光載憲) : 토목비에 관해 답변하겠습니다.(계획서 등에 의해 설명함)

2번(吉浦英信) : 토목비에 관해 질문합니다. 매산정(梅山町) 1,3정목 경계의 도로는 이전에 간담회에서 작년 수행에 의해 파괴된 부분의 복구공사의 실시에 관해 결정을 할 예정이었는데 금년도의 예산 면을 살펴보니 이를 계상하지 않았는데 여기에는 합당한 이유가 있을 것으로 생각되므로 상세한 설명을 해주기 바랍니다.

번외(石井岩十郎) : 답변합니다. 이전의 간담회에서 협의를 부탁드린 1941년도의 도비 보조사업으로서 신청할 부분은 모두 그 필요를 인정해 사업계획을 수립하여 관계 부처에 보조신청을 하였지만 질문하신 부분은 도에서 삭제됨에 따라 보조사업으로서는 실시할 수 없게 되었습니다만 읍의 재정이 허락하는 범위 안에서 응급적으로 복구를 꾀하도록 노력할 작정입니다.

3번(靑木爲一) : 시세에 맞추어 화장장 간수의 수당도 증액하는 것은 어떻습니까? 이들 간수는 장례식의 경우 물건을 받으려는 등의 행

동을 하여 정말로 지켜보기 힘든 느낌을 주는 일이 자주 있으므로
이 점도 충분히 고려하기 바랍니다.

번외(石井岩十郎) : 현재 화장장의 간수인에 대해서는 월수당 8원을
지급하는 것 외에 사체 1구에 대해 70전을 지급하고 주택을 주고
전등료도 읍에서 부담하고 한편 부근의 밭도 무료로 경작하게 하고
있기 때문에 생활에 부족한 점은 없을 것이지만 예산이 허락하는
한 내년도에 고려하려고 생각합니다. 그리고 간수인이 사례금을 강
청(强請)하는 일이 없도록 선처하겠습니다.

7번(芋田甫) : 세출 제3관 사무비에서 부읍장급 15원 증액에 대해 기
수급 465원 증액은 그 균현상 양해하기 어려우니 상세한 설명을 부
탁합니다.

번외(石井岩十郎) : 읍직원의 승급은 내규에 따라 행하는 것으로 이를
무시할 수는 없습니다. 또 기수급의 증액은 전에 설명한대로 관계
부처로부터 받은 통첩에 전작(田作) 기수 1명을 증원하기로 하였고
또 급료도 규정이 있는 관계로 이렇게 계상한 것입니다.

14번(高山在燁) : 읍 이원(吏員)은 급료는 증액을 예상하여 예산에 계
상하였으므로 실행해주기 바란다. 또 1940년도 세출 임시부 1관 토
목비에서 세류(細柳)소학교로 이어지는 통로개수공사비로 2,250원을
계상하였는데 이것을 실행하지 않은 것은 어떠한 이유입니까? 또
세류소학교에서 서쪽 부분은 금년도에 실시할 예정이었는데 예산
에 계상하지 않은 것은 어째서입니까?

의장 : 직원의 급료는 규정이 허락하는 한 현재 재직자에 대해서는 승
급을 행하고 한편으로 새로 채용되는 직원에게는 그 자격에 따라
우대하는 방법을 취하여 인재를 구해 읍사무의 쇄신과 능률의 향상
을 꾀하도록 선처하고 있습니다.

번외(朝光載憲) : 세류소학교로 이어지는 도로는 그 용지 가운데 수원읍 거주자가 소유하는 것은 거의 교섭을 마쳤는데 오사카(大阪)에 거주하는 戶川純一 및 후쿠오카(福岡)의 齊田義雄이라는 자가 대부분이어서 그 교섭이 아직 끝나지 않고 현재에 이르게 된 것으로써 齊田義雄의 분은 3명의 공유로 되어 있어 齊田義雄 씨가 다른 2명에게 여러 가지로 상담을 하여도 찬성하지 않기 때문에 곧 조선으로 건너와 무언가 이야기를 하겠다는 답장이 있었습니다. 곧 해결이 될 예정이므로 이것과 함께 가능한 한 빨리 착공하려고 생각하고 있습니다.

번외(石井岩十郎) : 이 도로개수공사 구역은 지세를 보면 바로 제전의웅 씨가 소유하는 토지가 높아 그곳의 흙을 절취해 낮은 곳에 성토하지 않으면 안 되기 때문에 재삼 서면상 또는 전보를 통해 교섭을 하였으나 아직 이야기가 정리되지 않아 어쩔 수 없이 지연되었지만 머지않아 해결될 예정입니다. 또 세류소학교 서쪽의 도로는 금년도에 실시하려고 노력하였는데 읍 재정 관계로 실행 불능이 되었지만 내년도에는 반드시 실시하려고 생각하고 있습니다.

14번(高山在燁) : 각 참여원의 답변을 통해 대략 파악했습니다만 그 사정이 어떻든 간에 계획한 사업, 특히 다급한 것은 이른 시간에 여러 곳에 수배하여 차질이 없도록 만전을 기해주기 바랍니다.

의장 : 장래 이러한 종류의 사안에 관해서는 더 한층 주의를 해 선처하도록 하겠습니다.

7번(芋田甫) : 앞서 사무비에 관해 질문하였더니 규정에 따라 행하는 수밖에 없다고 말했는데 현실적으로 증액의 필요가 있는 것은 증액하도록 상급 관청에 대해 실상을 보고해 규칙의 개정을 청구하는 등의 방법을 강구하기 바라는 바입니다.

의장 : 현재 재직중인 이원(吏員)은 일정한 연한이 지나지 않으면 규정상 승급할 수가 없어 물가 폭등을 이유로 새로운 승급을 하는 것은 허용되지 않고 있습니다만 가족수당의 지급 등으로 어느 정도 완화하고 있습니다. 말씀하신 점은 접수해두겠습니다.

2번(吉浦英信) : 1941년도예산 세입 임시부 8관 재산비매각에서 상당한 양의 입목(立木)을 벌채하려고 하는데 벌채후 입목매각대금으로 식림(植林)할 계획은 없습니까? 또 세출 경상부 7관 공원비에서 식수비 가운데 묘목대 100원을 계상했는데 이는 어디에 식수하는 것입니까?

번외(石井岩十郞) : 기본재산임야의 입목벌채는 주로 간벌(間伐)이므로 식수의 필요성이 없습니다. 또 공원비에서 식수비 가운데 묘목대는 기념식수에 필요한 묘목대로 팔달공원의 일부와 대전(大典)기념림에 식수하는 것입니다. 또 입목매각을 통해 얻은 돈은 수원읍 기본재산 설치 및 관리규칙에 따라 현금으로 축적해두는 것으로 되어 있습니다.

3번(靑木爲一) : 세출 경상부, 임시부 모두 상당히 논의를 한 것 같으므로 본건을 제2독회로 옮기는 것은 어떻습니까?

(찬성자 있음)

의장 : 3번 의원의 동의가 있고 이에 찬성자도 있기 때문에 세출 경상부 및 동 임시부를 일괄해 제2독회로 옮기려 생각하는데 어떻습니까?

(일동 찬성)

의장 : 그러면 본 의안을 제2독회로 넘깁니다.

의장 : 이어서 1941년도 수원읍 세입출예산의 세입 경상부 및 임시부를 일괄해 제1독회를 열겠습니다.

의장 : 본안은 낭독을 생략하려고 하는데 어떻습니까?

(전원 이의 없음)

의장 : 본안의 낭독을 생략하고 참여원이 설명하겠습니다.

번외(石井岩十郎) : 설명하겠습니다.(예산서와 동 설명서 및 관계서류
를 통해 상세히 설명)

2번(吉浦英信) : 도로포장공사에서 수익자의 부담금은 그 토지의 내림
의 넓고 좁음에 따라 비율을 정할 필요가 있고 또 본 규정은 본 읍
에서 제정되는가 아니면 달리 준칙이 있어서 제정되는가? 금년도에
실시하려고 하는 시가계영사업비는 평당 어느 정도가 필요한가?

번외(石井岩十郎) : 본 규정은 경기도에서 만든 준칙에 따라 제정한
것입니다. 실시에 있어서는 신중히 취급해 유감이 없도록 하려고
하고 있습니다.

번외(漢川浩平) : 올해 시행하려고 하는 시가계영사업에 필요한 총공
사비는 전 면적에 대한 평당 비용은 약 10.72전이고 실용면적의 평
당 비용은 11.89전이며 순공사비의 전 면적의 평당 비용은 3.03전,
실용면적의 평당 비용은 3.37전으로 되어 있습니다. 즉, 공사 자체
에 필요한 비용은 근소하지만 용지비, 이전비, 보상비, 사무비 등에
많은 금액이 필요하므로 결국 상당한 액수가 됩니다.

8번(淸原光鎬) : 도서관에 관해 질문합니다. 여기에는 3,504원이 계산
되어 있고 그 사용료는 불과 79원에 지나지 않습니다. 이것은 원래
부터 이익을 목적으로 하는 사업이 아니더라도 이용자가 적은 것은
내용이 불비하든가 또는 완비되었더라도 이용하지 않는 것인가? 이
점을 연구하여 최선을 다하기 바란다.

의장 : 본읍에 도서가 필요한 것은 새삼 말씀드릴 필요도 없습니다.
현재 약 천 권의 도서를 비치하고 신간서적이나 상당히 고급 도서
도 있고 매일 40~50명의 이용자가 있습니다. 그 가운데에는 지방청

년이 있고 중등학교생도 있고 소학교 아동도 많아 때로는 입장자의 정리가 필요한 경우도 있습니다. 본 도서관을 설치한 지 얼마 되지 않아 서적도 적어 유감스럽지만 장래 세월이 경과함에 따라 내용이 충실해진다면 도서관의 사명을 유감없이 발양할 것입니다. 그리고 내용의 충실에 대해서는 지방유식자의 협력과 원조를 간절히 바라는 바입니다.

14번(高山在燁) : 신년도예산 세입 전반을 보면 경상부 5관 읍세에서 18%를 더 징수하는 것은 우리 읍민의 부담이 그만큼 가중되는 것입니다. 그리고 세출을 살펴보면 새로운 느낌이 엇습니다. 즉, 새로운 시설 계획을 볼 수가 없어서 유감입니다. 이어서 신년도 예산 세입 경상부 2관 사용료에서 가축시장사용료가 609원 줄어들었는데 본 의원이 여러 해 본건에 관해 강조해오고 있는 대로 시장의 경영은 읍에서 하고 있음에도 불구하고 가장 수입이 많은 가축의 중개수수료는 군농회가 취득하는 것은 매우 불합리하다고 말할 것입니다. 부제(府制)를 실시하지 않는 한 경영자인 읍이 이를 수득(收得)할 수 없다는 것은 그 근거가 너무나 박약합니다. 본 읍에서는 이에 대한 위원회를 조직해 실행운동에 착수해 전 조선에 걸쳐 가축중개수수료를 읍 수입으로 이전하도록 노력하기 바란다. 지금 일시적으로 전부의 취득하는 것은 곤란할 지도 모르지만 반액 정도는 가능할 것입니다. 우리 의원은 읍 재원 확보를 위해 노력을 아끼지 않을 생각입니다. 읍 당국의 방침은 어떻습니까?

의장 : 신년도예산 세입에서 상당히 증액되었는데 사업계획에 새로운 느낌이 없다는 의견입니다만 읍 당국으로서는 사업방면에 대해 그 완급 및 읍 재정에 대해 상당히 유의하고 있습니다. 신규사업으로서 역전 신도로포장, 격리병사 신축, 고등농림학교 동쪽의 교량 교

체 및 시가지계획의 증강, 시가지 경영사업, 운동장의 정지, 기타 보조사업 등 상당한 신규사업도 계상하고 있습니다. 또 세출에 있어서는 전반적으로 자재나 소모품의 등귀, 또는 인부 임금의 상승에 의해 증가가 있고 또 사무 방면에서도 상당히 증액되었기 때문에 증세는 재정상 어쩔 수 없습니다. 말씀하신 의견을 정말로 합당하다고 생각하지만 현재로서는 이 이상 신규사업의 계상은 불가능합니다. 그리고 앞으로도 가능한 경비 절감을 꾀해 신규사업을 계획함으로써 수원읍 발전에 이바지할 방침입니다. 이어서 가축시장 중개료의 건은 기회가 있을 때마다 당국과 절충을 거듭해 그 의향을 듣고 있습니다만 어떻든 본건은 본부(本府) 및 도(道)의 방침에 따라 현재와 같이 농회에서 시행하는 것으로, 그 이관을 급속히 실현하는 것은 어렵겠지만 의원 각위와 함께 장래 당국의 중요문제로 삼아 부단히 노력하고 선처해 목적을 달성하려고 꾀할 생각입니다.

14번(高山在燁) : 의장의 답변을 통해 충분히 알았습니다. 따라서 속히 위원장 1명, 위원 3명으로 구성된 위원회를 설치해 운동을 시작하려고 생각합니다. 또 위원 선정은 의장에게 일임하며 위 동의를 제출합니다.

의장 : 지금 고산(高山) 의원의 동의에 따라 수원읍 가축시장 중개사업을 본 읍으로 이전하자는 안건에 대해 위원회를 설치해 의장이 지명하는 교섭위원 3명을 선정하여 그 실현을 꾀하자는데 이의는 없습니까?

(전 의원 찬성)

의장 : 그러면 黑岩覺一 씨, 淸原光鎬 씨, 高山在燁 씨 이상 3명을 위원으로 지명합니다.

3번(靑木爲一) : 지금 정하신 가축시장에 대한 위원회는 정말로 만족

스러운 일이라 생각합니다. 이어서 신탄(薪炭)시장의 수수료가 신
년도에 1,940원이 줄어든 데 대해 앞서의 참여원 설명에 따르면 신
탄배급조합으로 이관했기 때문이며 또 동 조합으로부터 그 대상(代
償)으로 1,000원 정도의 기부를 받을 전망이라고 하는데 1,000원의
기부는 근소하다고 생각하는데 어떻습니까?

번외(石井岩十郎) : 현재로서는 동 조합의 경비가 윤택하지 않으므로
더 이상의 기부는 곤란하다고 생각합니다.

의장 : 장시간에 걸쳐 심의를 부탁했으므로 잠시 휴게하겠습니다.

(오후 3시)

의장 : 지금부터 회의를 다시 시작합니다.

(오후 3시 15분)

의장 : 1941년도 수원읍 세입출예산 가운데 세입 경상부 및 임시부를
일괄해 제2독회로 옮기려 하는데 어떻습니까?

(전 의원 찬성)

의장 : 그러면 본 의안을 제2독회로 옮깁니다.

의장 : 이어서 제7호의안과 관련된 제8호의안 1941년도 호별세부가세
이외의 부가세의 과율의 건, 제9호 수원읍 부가세규칙 개정의 건,
제10호 수원읍 특별세규칙 개정의 건, 제11호 수원읍 화장장사용규
칙 개정의 건, 제12호 수원읍 도로수익자부담금 징수규정의 건, 의
안제13호 수원읍 도서관규칙의 건, 의안제14호 수원읍의 보통재산
인 부동산 가운데 부동산 매각처분의 건(池野町 403번지 대지 21
평), 의안제15호 수원읍 보통재산인 부동산 가운데 부동산 매각처분
의 건(下光敎里 산75-2 立木1080그루 22尺○), 의안제16호 수원읍 기
본재산인 부동산 가운데 부동산 매각처분의 건(상광교리 산82-1 立

木 11,900그루 442尺〇)을 일괄해 제1독회를 열겠습니다.

(전 의원 이의 없음)

의장 : 본 의안은 독회를 생략하고 심의를 부탁합니다.

5번(黑岩覺一) : 도로수익자부담금 징수규정에 관해 질문합니다. 해당 부담금은 토지소유자와 건물소유자가 다른 경우에는 양자로부터 징수하는 것은 어떻습니까?

번외(石井岩十郎) : 양자로부터 징수하는 것으로 되어 있습니다.

4번(椿原寅雄) : 화장장 수수료에서 14세 미만인 자와 유골이 같은 금액인데 유골 쪽은 14세 미만인 자에 비해 고율인 것 같은데 양자 사이에 차이를 두는 것은 어떻습니까?

번외(石井岩十郎) : 실제 화장을 행하는데 있어 유골은 성인의 화장을 하는 것과 경비의 점에서 큰 차이가 없으므로 같은 금액으로 한 것입니다.

2번(吉浦英信) : 도로수익자부담금 징수규정은 경성 등과 다른 것 같은데 어떻습니까?

번외(石井岩十郎) : 이번에 제안한 본 규정은 경기도준칙에 의해 규정한 것이므로 종전부터 규정을 설정하고 있던 부분은 다른 점이 있다고 생각하지만 앞으로 제정하는 것으로 시가지로서의 규정은 대체적으로 마찬가지라고 생각하고 있습니다.

8번(淸原光鎬) : 의안제8호 호별세 이외의 부가세의 과율개정의 건에 관해 신구 세율을 상세히 설명해주기 바랍니다.

번외(西浦重臣) : 지세부가세는 지세의 100분의 70을 72.2, 영업세부가세는 법인영업세의 100분의 80을 100분의 134.2(법인 이외는 그대로), 가옥세부가세는 100분의 59를 100분의 80.2, 차량세부가세는 자동차 및 자동자전거는 그대로 두고 기타의 차는 100분의 100을 100분의

150.2, 부동산취득세부가세는 100분의 25를 100분의 50.2로 각각 증액한 외에 특별지세부가세(한해 등 기타 면세가 된 것에 대해서도 읍 재정의 필요에 따라 징수하며 그 과율은 100분의 50)와 면세지특별지세부가세(일반면세지도 마찬가지의 과율 100분의 90을 부과함)의 두 개가 신설됐습니다.

의장 : 잠시 휴게합니다.

(오후 3시 35분~오후 3시 40분)

의장 : 의안제8호 1941년도 호별세부가세 이외의 부가세의 과율의 건, 제9호 수원읍 부가세규칙 개정의 건, 제10호 수원읍 특별세규칙 개정의 건, 제11호 수원읍 화장장사용규칙 개정의 건, 제12호 수원읍 도로수익자부담금 징수규정의 건, 의안제13호 수원읍 도서관규칙의 건, 의안제14호 수원읍의 보통재산인 부동산 가운데 부동산 매각처분의 건(池野町 403번지 대지 21평), 의안제15호 수원읍 보통재산인 부동산 가운데 부동산 매각처분의 건(下光敎里 산75-2 立木1080그루 22尺締), 의안제16호 수원읍 기본재산인 부동산 가운데 부동산 매각처분의 건(상광교리 산82-1 立木 11,900그루 442尺締)을 일괄해 제2독회로 옮기려 하는데 어떻습니까?

(전 의원 이의 없음)

의장 : 그러면 앞서 말한 의안으로 제2독회에 들어갑니다.

14번(高山在燁) : 앞서 제1독회에서 질문을 한 대로 증세는 어쩔 수 없지만 이에 따라 신규사업을 행하기 바란다. 예를 들면 본읍의 다년간 현안으로 되어 있는 공회당 등도 그 경비 10만 원이라고 한다면 본읍으로서는 한번에는 곤란하지만 무언가 방법을 통해 그 경비를 축적해두는 등 예산운용상 더 한층 궁리하고 주의함으로써 긴급을 요하는 사업을 급속히 실행에 옮기도록 하기 바란다. 이러한 희망을 말하며 전 의안에 대해 찬성을 표합니다.

7번(芋田甫) : 매산정(梅山町) 1, 2정목 방면에서는 겨울철에 대소변의 처리가 불철저하기 때문에 일반인에 매우 불편을 주고 있으므로 이 점을 고려해주기 바란다. 그리고 사무비와 관련해 서기급(書記給)에 예산이 계상된 이상 예산을 다 지출하여 사무능률을 꾀하고 또 적극적으로는 규정에 얽매이지 말고 필요에 따라서는 규정을 개정하여 시대에 즉응하여 선처하기 바란다. 이러한 조건을 붙여 모든 의안에 찬성합니다.

5번(黑岩覺一) : 나도 토목비에 관해서는 高山 의원과 동감입니다. 또 시가지계획에 관해서는 신중하게 고려해 만전을 기하기 바란다. 이 상의 희망을 말하고 전 의안에 찬성합니다. 또 수원읍 도서관규칙 조문 가운데 자구의 수정이 필요한 곳이 있습니다.(해당 부분을 지적하고 수정을 요구함)

의장 : 수원읍 도서관규칙 조문 가운데 자구 수정에 관해 黑岩 의원의 동의대로 수정해도 지장이 없겠습니까?

(전 의원 이의 없음)

의장 : 그러면 수정하겠습니다.(수정 부분을 읽음)

의장 : 의안제7호 1941년도 수원읍 세입출예산의 건, 의안제8호 1941 년도 호별세부가세 이외의 부가세 과율의 건, 의안제9호 수원읍 부 가세규칙 개정의 건, 의안제10호 수원읍 특별세규칙 개정의 건, 의 안제11호 수원읍 화장장사용규칙 개정의 건, 의안제12호 수원읍 도 로수익자부담금징수규정의 건, 의안제13호 수원읍 도서관규칙의 건, 의안제14호 수원읍의 보통재산인 부동산 가운데 부동산 매각처 분의 건, 의안제15호 수원읍 보통재산인 부동산 가운데 부동산 매

각처분의 건, 의안제16호 수원읍 기본재산인 부동산 가운데 부동산 매각처분의 건에 관해서는 제3독회를 생략하고 재결하고 싶다고 생각하는데 이의 없습니까?

(전 의원 이의 없음)

의장 : 재결합니다. 의안제7호 1941년도 수원읍 세입출예산의 건, 의안제8호 1941년도 호별세부가세 이외의 부가세 과율의 건, 의안제9호 수원읍 부가세규칙 개정의 건, 의안제10호 수원읍 특별세규칙 개정의 건, 의안제11호 수원읍 화장장사용규칙 개정의 건, 의안제12호 수원읍 도로수익자부담금징수규정의 건, 의안제14호 수원읍의 보통재산인 부동산 가운데 부동산 매각처분의 건, 의안제15호 수원읍 보통재산인 부동산 가운데 부동산 매각처분의 건, 의안제16호 수원읍 기본재산인 부동산 가운데 부동산 매각처분의 건 이상은 원안대로 하고 의안제13호 수원읍 도서관규칙의 건은 일부 수정한대로 찬성하는 분은 거수해주기 바랍니다.

(전 의원 거수)

의장 : 이상 확정 의결합니다.

의장 : 의안제17호 1941년도 수원읍 농량자금 특별회계 세입출예산의 건은 독회를 생략하고 심의를 부탁합니다.

의장 : 이의 없습니까?

(전 의원 이의 없음)

의장 : 전 의원 이의가 없으므로 재결합니다. 찬성하는 분은 거수를 부탁합니다.

(전 의원 거수)

의장 : 전 의원이 찬성했으므로 의안제17호 1941년도 수원읍 농량자금 특별회계 세입출예산의 건은 원안대로 확정 의결합니다.

의장 : 오늘은 장시간에 걸쳐 중요 의안에 대해 신중하게 심의해주셔서 정말로 감사드립니다. 또 예산의 집행에 관해서는 상당히 어려운 사업도 있으므로 직원 일동이 진지한 노력과 전력을 경주하여 본읍의 발전에 매진하려고 생각합니다. 따라서 의원 각위에 대해 앞으로도 기회가 있을 때마다 여러 가지로 상담을 하려고 생각하고 있으므로 부디 더 한층 협력과 원조를 해주시기를 바랍니다. 이로써 회의를 폐회합니다.

(시각 오후 4시 10분)
(서명자 생략-편자)

2. 안성읍회 회의록

1) 1938년 3월 24일 안성군 안성읍회 회의록

항 목	내 용
문 서 제 목	安城郡安城邑會會議錄
회 의 일	19380324
의 장	徐相準(읍장)
출 석 의 원	睦頊相(1), 李鍾權(2), 尹喆周(6), 朴弼東(7), 中山源市(8), 李範浚(9), 吳鳳根(10), 朴華秉(11), 朴嵩秉(12)
결 석 의 원	朴周秉(3), 朴容寅(4), 市山直衛(5)
참 여 직 원	奧中猶治郎(부읍장), 李奭柱, 李邦珪, 李晋永(이상 서기)
회 의 서 기	
회 의 서 명 자 (검 수 자)	
의 안	제1호 안성대교 가설공사의 건, 제2호 안성천 호안공사 시행의 건, 제3호 안성읍 시장사용료징수의 건, 제4호 안성읍 화장장사용료 징수의 건, 제5호 안성읍 특별세규칙 신설의 건, 제5호 안성읍회 의원 및 명예직이원비용변상규칙 개정의 건, 제7호 안성읍 이원급료규칙 개정의 건, 제8호 안성읍 전염병예방구치종사수당규칙 개정의 건, 제9호 안성읍 여비규칙 개정의 건, 제10호 안성읍 시장사용규칙 개정의 건, 제11호 안성읍 화장장사용규칙 개정의 건, 제12호 1938년도 안성읍세부과율 결정의 건, 제13호 1938년도 안성읍 기본재산축적 일부 정지의 건, 제14호 1938년도 안성읍 세입출 예산의 건, 제15호 1938년도 안성읍 농량자금 특별회계 세입출 예산의 건, 제16호 1938년도 안성읍 소액생업자금 특별회계 세입출예산의 건, 제17호 안성읍 이원정원규정 개정의 건, 제18호 안성읍 처무규정 개정의 건
문 서 번 호 (I D)	CJA0004845
철 명	청년훈련소설립인가서류
건 명	공립청년훈련소설립인가의 건-파주군안성군(회의록)
면 수	11
회의록시작페이지	658

회의록끝페이지	668
설 명 문	국가기록원 소장 '청년훈련소설립인가서류'철, '공립청년훈련소설립 인가의 건-파주군안성군(회의록)'건에 포함된 1938년 3월 24일 안성군 안성읍회 회의록

해 제

본 회의록(총 11면)은 국가기록원 소장 '청년훈련소설립인가서류'철, '공립청년훈련소설립 인가의 건-파주군안성군(회의록)'에 수록되어 있는 1938년 3월 24일에 열린 안성군 안성읍회 회의록이다.

이날 회의에서는 의안 제1호부터 제13호까지의 예산과 관련이 있는 사항이 주로 논의되었다.

내 용

배부된 의안은 다음과 같다.

제1호 안성대교 가설공사의 건

제2호 안성천 호안공사 시행의 건

제3호 안성읍 시장사용료징수의 건

제4호 안성읍 화장장사용료 징수의 건

제5호 안성읍 특별세규칙 신설의 건

제6호 안성읍회 의원 및 명예직이원비용변상규칙 개정의 건

제7호 안성읍 이원급료규칙 개정의 건

제8호 안성읍 전염병예방구치종사수당규칙 개정의 건

제9호 안성읍 여비규칙 개정의 건

제10호 안성읍 시장사용규칙 개정의 건

제11호 안성읍 화장장사용규칙 개정의 건

제12호 1938년도 안성읍세부과율 결정의 건

제13호 1938년도 안성읍 기본재산축적 일부 정지의 건

제14호 1938년도 안성읍 세입출 예산의 건

제15호 1938년도 안성읍 농량자금 특별회계 세입출 예산의 건

제16호 1938년도 안성읍 소액생업자금 특별회계 세입출예산의 건

제17호 안성읍 이원정원규정 개정의 건

제18호 안성읍 처무규정 개정의 건

읍장(徐相準) : 오늘은 출석의원이 9명이고 결석의원이 3명입니다. 지금부터 개회합니다.

의장(徐相準) : 의안으로 넘어가기 전에 회의록 서명의원을 결정해두려고 하는데 전례에 따라 의장이 지명해도 되겠습니까?

('이의 없다'고 외치는 사람이 많음)

의장 : 이의가 없다고 판단되므로 지명합니다. 6번 의원과 12번 의원에게 부탁합니다. 그리고 본 회의의 참여원으로 부읍장 奧中猶治郎, 서기 李㮾柱, 동 李邦珪, 기수 겸 서기 李晋永 등 4명을 참석시키겠습니다.

의장 : 한 마디 말씀드리면 면이 읍으로 바뀐 뒤 새로이 예산회의를 여는 것이 처음이므로 사업 등 모든 것이 복잡해지고 따라서 읍민의 부담도 무거워졌는데 이것은 모두 지방 발전을 위한 것입니다. 또 올해는 여러 가지 새로운 사업이 있기 때문에 특히 경비가 많아지고 따라서 부담도 무거워집니다. 부디 양해해주시기 바랍니다.

睦瑣相(1) : 의안의 번호를 보면 예산안 이외의 의안이 앞에 나와 있는

데 이 번호 순서대로 하지 않고 예산안을 가장 먼저 다루는 것은 어떻습니까?

中山源市(8) : 예산 이외의 의안으로 예산과 관계가 있는 의안은 제1 독회만 마쳐두고 결의는 예산과 함께 하는 것은 어떨까 합니다.

의장 : 그러면 의안 제1호부터 제13호까지의 예산과 관계가 있는 것은 제1독회만 하고 제14호 예산안 심의를 할 때 모두 결의하도록 부탁 드리려 합니다만 괜찮겠습니까?

('이의 없다'고 외치는 사람이 많음)

의장 : 오늘은 의안이 매우 많으므로 간단한 의안은 여러 개씩 함께 심의를 부탁합니다.

　○제1호 안성대교 가설공사의 건,

　○제2호 안성천 호안공사 시행의 건

(서기 이방규가 제1호의안과 제2호의안을 낭독)

의장 : 제1호의안 및 제2호안은 지금 이 서기가 낭독한 대로입니다만 안성대교는 보시는 바와 같이 급히 필요한 사업입니다. 또 다리 부근 양안의 호안공사를 서두르는 것도 알고 계시는 바입니다만 부디 1938년도에 하지 않으면 안 됩니다. 안성대교에는 8천 원의 도비보조와 4천 원의 읍비로 하는 것으로 되어 있습니다. 이 도비보조는 조만간 지령이 있을 것입니다. 호안공사는 현재 측량중이어서 국비, 도비, 읍비의 관계도 분명하지 않지만 일단 읍비로 현금 1천 원과 夫役換算金 6천 원을 지출할 예정입니다.

中山源市(8) : 도비보조금 8천 원은 內示가 있었습니까?

의장 : 도비보조의 내시는 아직 없습니다만 있을 예정입니다.

吳鳳根(10) : 읍장의 설명에 따르면 호안공사라고 하지만 이것은 제방 공사이므로 우리 읍 쪽 가옥을 지키는 것에 중점을 두어야 합니다.

어쨌든 인가가 있는 시가지를 가장 먼저 보호하는 것을 생각해야 합니다. 상대편에는 가옥이 없기 때문에 제방은 상대편보다 우리 쪽에 필요성이 있다고 생각합니다. 다리에 대한 이야기도 있습니다만 다리의 필요성보다도 우리 쪽 제방이 더 필요하다고 생각합니다.

睦琫相(1) : 호안공사는 다리 가설을 위해 양측에서 한다는 이야기를 들었습니다.

의장 : 다음으로는 제3호안 및 제4호를 의제로 심의를 부탁합니다.

　　○제3호 안성읍 시장사용료징수의 건,

　　○제4호 안성읍 화장장사용료 징수의 건,

(서기 이석주가 제3호안 및 제4호안에 대해 설명하다)

尹喆周(6) : 薪炭시장사용료의 증액은 시기상조라고 생각합니다. 화장장의 사용료 증액도 무리라고 생각합니다.

(회계원 이석주가 다른 읍의 실례를 설명)

睦琫相(1) : 시장사용료의 증액은 연구가 필요한 문제로 이것을 증액할 때는 시장의 번영에 영향을 줄 것으로 생각하는데 설명을 부탁합니다.

이석주(서기) : 사용료 등은 가능한 올리지 않으려 합니다만 읍의 재정이 허락하지 않고 또 하나는 다른 시장사용료와 형평을 취해야 하기 때문입니다.

吳鳳根(10) : 가축시장사용료로 어른소 한 마리에 대해 8전은 저렴하므로 10전으로 올리고 싶다. 또 장작의 擔軍分은 앞으로 징수하지 않는 것은 어떻습니까?

의장 : 종래 어른 소 한 마리의 시장사용료는 5전이었던 것을 8전으로 올린 것이기 때문에 더욱이 원래의 배액을 징수하는 것은 무리가 아닐까 생각합니다. 또 擔軍分은 종래 징수해 온 것이고 같은 장작

에 대해 사용료를 취하기도 하고 또 취하지 않기도 하는 것이 좋을까 생각합니다.

睦瑁相(1) : 시장사용료 등은 다른 지방의 것을 보고 따라하는 것이 아니라 우리 지방의 상황에 따라 징수하는 것이라고 생각합니다.

의장 : 물론 다른 지방을 따라하는 것이 아니라 읍의 수입이 적기 때문에 이것을 조금이라도 늘려야 한다는 것과 또 각 시장사용료의 균현을 꾀하기 위함입니다. 예를 들면 소의 가격은 종래 100원이었던 소가 지금은 200원이나 되는 상태이고 이것이 일시적인 현상이 아니라고 생각되기 때문입니다.

尹喆周(6) : 화장장의 사용료를 증액할 때는 사용자가 줄어드는 일은 없었습니까?

의장 : 화장장사용료의 증액은 장작 대금이 등귀했기 때문에 현재의 요금으로는 부족한 점이 있었기 때문에 증액의 필요성이 있었습니다. 또 이것을 증액하더라도 사용수가 줄어드는 일은 없을 것으로 생각했습니다.

의장 : 다음으로 제5호안에 대해 심의를 부탁합니다.

○제5호 안성읍 특별세규칙 신설의 건

(서기 이석주가 의안을 낭독, 설명)

睦瑁相(1) : 이 특별세에 관해서는 조금 상세히 설명을 해주기 바랍니다. 물품판매업은 연 500원 이상 3천 원 이하인 자는 최소라고 생각한다. 또 최저 500원은 너무 낮다고 생각하는데 어떻습니까? 어쨌든 이 문제는 상당히 연구한 다음 결정할 필요가 있다고 생각되므로 위원부탁으로 하는 것이 어떻겠습니까?

이석주(서기) : 참고로 말씀드리면 물품판매업자는 경성이 최저 1천 원이고 수원은 500원입니다. 안성도 500원이라면 적당하리라 생각합니다.

의장 : 이 문제의 상세한 설명은 참여원이 하도록 하겠습니다.

(참여원 이석주 상세히 설명함)

吳鳳根(10) : 특별세는 금을 파는 자에게는 부과하지 않습니까?

의장 : 그렇습니다. 부과하지 않습니다.

의장 : 그러면 이어서 제6호안부터 제11호안까지 심의를 부탁합니다.

　○제6호 안성읍회 의원 및 명예직이원비용변상규칙 개정의 건,

　○제7호 안성읍 吏員급료규칙 개정의 건,

　○제8호 안성읍 전염병예방구치종사수당규칙 개정의 건,

　○제9호 안성읍 여비규칙 개정의 건,

　○제10호 안성읍 시장사용규칙 개정의 건,

　○제11호 안성읍 화장장사용규칙 개정의 건,

의장 : 제6호안부터 제11호안까지는 읍규칙의 개정입니다만 제6호안은 읍회 의원과 구장의 수당증액의 건입니다. 제7호안은 부읍장의 급료를 규칙에 따라 올린 것입니다. 제8호안은 전염병예방구치종사 수당에 부읍장을 추가한 것입니다. 제9호안은 여비규칙입니다만 이 것도 부읍장의 분을 추가한 것입니다. 제10호안은 시장사용규칙의 개정이고 그 다음은 화장장사용규칙의 개정으로 제3호안, 제4호안에서 말한 대로입니다.

中山源市(8) : 읍규칙에는 모두 준칙이라는 것이 있습니까?

의장 : 모두 준칙이 있습니다.

中山源市(8) : 가축의 연령을 확인하는 것은 어떻게 하면 알 수 있습니까?

의장 : 이것은 어려운 일은 아니고 조금 살펴보면 잘 알 수 있습니다.

의장 : 이어서 제12호안과 제13호안입니다.

○제12호 1938년도 안성읍세부과율 결정의 건,

○제13호 1938년도 안성읍 기본재산축적 일부 정지의 건,

의장 : 각 세액에 대해 설명을 하고 1938년도의 호별세 부과세는 1938년도에는 어쩔 수 없는 계속사업 또는 신규사업 즉, 시구개정 안성대교의 가설이 있습니다. 이에 필요한 경비가 읍비의 지출 8,500원이므로 다른 경비에서 절약할 수 있는 한 절약을 했습니다만 호별세부가세로부터도 1호 평균 3원 40전을 징수해야만 합니다. 그리고 제1종 소득세부가세는 지난번 폐지되었던 관계상 사업년도 1937년도 이전분에 한한 것입니다. 제13호안의 기본재산 축적정지는 지금 말씀드렸듯이 호별세부가세를 가능한 인하하기 위해 이것을 하지 않으면 안 됩니다.

睦瑣相(1) : 제1호안부터 제13호의안까지 달리 이견이 없습니다.

尹喆周(6) : 1번과 마찬가지 의견입니다.

('찬성'이라고 외치는 사람 많음)

의장 : 그러면 제1호안부터 제13호안까지는 달리 이견이 없는 것으로 인정합니다. 지금부터 약 1시간 휴게합니다.

(정오부터 오후 1시까지 휴식)

의장 : 지금부터 의사를 시작합니다.

○1938년도 안성읍 세입출 예산의 건

의장 : 세출부터 시작합니다.

睦瑣相(1) : 세출도 많으므로 제 몇 款부터 제 몇 款까지라는 식으로 몇 부분으로 나누어 하는 편이 좋지 않겠습니까?

의장 : 그러면 세출 제1관부터 6관까지 심의를 부탁합니다.

睦瑣相(1) : 神祠費는 종래 各戶에서 부담하여 그때마다 각호로부터 내놓았습니다만 이제부터는 별도로 각호에 부담을 주지 않습니까?

구장의 비용변상은 1회에 1원으로 되어 있는데 이를 증액하여 적극적으로 활동하게 할 필요가 있다고 생각하는데 어떻습니까? 부읍장이 소방조에 관계하는 것은 읍사무에 지장이 없습니까? 읍서기의 채용방침을 올려 중등학교 이상의 졸업자를 채용하는 것으로 하면 어떻습니까? 토목사업의 도로, 교량 등에 상태가 안 좋은 것이 많이 있는데 이를 빨리 정리하는 것은 어떻습니까? 우편소를 개축한다는 이야기가 있는데 시구개정과의 관계는 어떤 식으로 되는가? 학교통은 하는 것으로 되어 있는데 기타 안성시가지 전반의 계획을 수립할 필요는 없습니까? 금년도의 경상비, 토목비는 매우 적어 이를 가지고 교량 또는 제방을 충분히 수리할 수 있는가? 공동우물은 적극적으로 개조할 필요가 있다고 생각하는데 이 점은 어떻게 생각하십니까? 안성시가지에 상수도를 설치할 생각은 없습니까? 위생인부에 대한 읍의 감독이 철저하지 않은 것으로 생각되는데 감독을 좀 더 충분히 하도록 하는 것은 어떻습니까? 제6관의 시장비 징수에 관해서는 징수원이 영수증을 건네지 않고 현금을 징수하는 일이 있을지도 모르므로 방법을 바꾸어 수입 증가를 꾀하는 것은 어떻습니까? 채종답의 보조는 없는 것 같은데 질문 드립니다.

의장 : 神社費는 祭典費만 계상했습니다만 예산 관계로 더 이상 계상하는 것은 곤란하므로 임시비는 지금까지와 마찬가지로 崇敬者로부터 거출을 부탁할 지도 모릅니다. 구장의 수당을 지급하는 것은 곤란합니다. 부읍장이 소방조장을 맡고 있는 것은 현재로서는 인선의 사정상 어쩔 수 없습니다. 읍서기의 자격을 중등학교 이상의 졸업자로 하는 것은 정말 훌륭한 이야기입니다만 현재로서는 적당한 사람을 구하는 것이 가능하지 않아 뜻대로 되지 않습니다. 현재로서는 인원 증가가 필요합니다만 이것은 인가 경비라는 점에서 매우

곤란합니다. 1938년도부터 한 명의 서기를 증원할 계획입니다만 부읍장을 제외하면 서기의 수는 이전과 마찬가지입니다. 구장의 대우에 관해서는 충분히 생각하고 있습니다만 아직 명안이 없습니다. 토목비는 531원은 매우 적기 때문에 하수 뚜껑 1장이 손상되어도 수리가 곤란한 상태입니다만 이것도 역시 임시토목비에 다액의 경비가 필요한 관계상 어쩔 수 없습니다. 우편소의 개축과 시구개정의 건에 관해서는 밀접한 관계가 있으므로 수원 토목관구와도 상담할 필요가 있습니다만 읍의 의향으로서는 자동차부와 우편소 사이의 길을 확장해 이를 연장할 생각입니다. 앞으로 시내의 시구개정에 관해서는 시내 전체의 계획을 표시한 도면을 작성할 예정으로 현재 그 준비 중입니다. 공동우물은 전부 근본부터 수리하는 것은 도저히 경비가 허락하지 않으므로 상태가 나쁜 것부터 한두 개씩 점차 수리할 예정입니다. 상수도도 필요하기는 하지만 계획을 수립할 시기에 이르지 않았기 때문에 장래 계획할 생각입니다. 청결인부의 감독에 관해서는 현재 대체로 경찰서에 부탁하고 있는데 앞으로 충분히 감독할 생각입니다. 현재 청결인부는 4명입니다만 4월부터 10월까지 반 년 정도 살수인부를 두 명 위생조합비로 고용할 생각은 갖고 있습니다. 시장사용료 징수에 관해서는 이것도 경비 문제로 충분하다고 말씀드리지는 못하지만 징수원이 영수증을 건네지 않고 현금을 징수하는 일은 없습니다. 이 점은 읍에서도 항상 감독을 하고 있습니다. 채종답의 보조는 예산에 계상했습니다.

睦項相(1) : 구장의 비용변상은 현재 읍의 재정상 불가능한 듯한데 이전에는 상당한 수입이 있었던 것이 현재는 수입이 없어졌다. 또 구장의 업무가 매우 많아지고 있기 때문에 이것은 부디 비용변상을 증액할 필요가 있다고 생각합니다. 시구개정은 현재의 우편소와 자동차부 사이의 길을 이용할 방침인 것 같은데 그렇게 진행하기 바란다.

의장 : 시구개정의 건에 관해서는 나중에 여러분과 상의하려고 생각합니다. 또 구장의 비용변상은 현재로서는 어찌할 수 없지만 앞으로는 충분히 고려하도록 하겠습니다.

中山源市(8) : 읍장은 가능한 우대를 해야 하는데 읍장의 승급으로 계상하지 않고 예비비로 계상하는 것이 과연 적당한지 의문이 듭니다. 부읍장이 소방조장을 겸하는 것은 무리가 있습니다만 이것은 인성의 사정상 어쩔 수 없는 점이 있으리라 생각하기 때문에 지금 잠시 동안 이대로 할 수밖에 없다고 생각합니다. 읍서기를 우대하는 것은 제가 희망하는 바로 읍의 사무는 정말로 번거롭고 많습니다. 자칫하면 다른 업무까지 읍에 떠맡기는 경향이 있는 것 같습니다. 예를 들면 군에서 할만한 일을 읍에서 하고 있는 것으로 생각되는 부분이 있습니다. 이것들은 군과 읍이 공동으로 해야 할 것으로 생각합니다. 업무가 많은 읍으로 하여금 더욱 바쁘게 하는 것은 문제가 있다고 생각합니다.

의장 : 읍장의 수당 승급을 예산에 드러나게 하는 것은 나는 파악하지 못했습니다. 자신의 승급 등은 생각하지 않았기 때문입니다만 8번 의원의 이야기대로입니다. 소방조장의 건은 항상 걱정을 하고 있습니다만 후임자의 선정조차 할 수 없다면 교체를 희망하는 바입니다. 읍직원도 지난번 말한 대로 증원할 필요가 있습니다.

吳鳳根(10) : 우편소의 신축 위치는 현재 장소는 형편이 좋지 않다고 생각되므로 다른 곳에 부지를 선정하는 것은 어떻습니까? 공동우물비 20원 정도로는 아무 일도 불가능하므로 공동우물의 개축은 위생조합의 사업으로 시행하도록 하는 것은 어떻겠습니까?

의장 : 우편소 부지 문제에 관해서는 다시 상담하겠습니다.

의장 : 이것으로 제6관까지 끝마친 것 같은데 제6관까지 다른 질문이나 의견은 없습니까?

('의견 없다'고 외치는 사람 많음)

의장 : 의견이 없으면 제7관부터 12관까지 심의를 부탁합니다.

吳鳳根(10) : 공원을 정리할 일이 많은데 공원비를 증액하는 것은 불가능합니까?

의장 : 공원수리비는 불과 100원으로 빈약합니다만 재정상 어쩔 수 없으므로 단지 유지비뿐입니다.

中山源市(8) : 공원의 손질은 신사 경내의 식수도 할 예정입니까? 또 신전의 수리도 임박해 있는 것 같으므로 수선을 하도록 희망합니다.

의장 : 그렇습니다. 신사의 후미에는 측백나무나 전나무 등을 심으려 생각합니다. 또 신전의 수리 건은 선처하겠습니다.

尹喆周(6) : 읍으로 되면서부터 위생비가 적기 때문에 청결인부도 부족해 시가지의 청결을 유지할 수 없는 상태입니다. 그러므로 2명 정도 증원할 필요가 있다고 생각합니다. 화장장의 도로 등도 항상 불결하므로 이것을 청결하게 하기 위해서도 청결인부는 필요하다고 생각합니다.

의장 : 현재의 청결인부로는 일손이 부족합니다. 여러 가지 생각하고 있으며 또 화장장의 도로는 화장장의 경비원에게 청소를 시키고 있는데 위생인부도 하도록 시키겠습니다.

睦瑛相(1) : 공원의 손질비 100원을 계상한 것은 좋습니다만 학교 생도의 운동에 공원을 사용하는 것은 좋지 않습니다. 또 모든 행사에 사용하는 것도 안 되므로 그라운드를 설치하는 것은 어떻습니까?

다음은 사회사업비 농촌진흥제비에 관해서입니다만 그 경비를 보면 매우 적은 감이 드는데 이것은 어떠한 이유입니까?

의장 : 공원을 학교운동장 및 행사장으로 사용하는 것이 바람직하지 않은 것은 잘 알고 있지만 앞으로는 충분히 주의해 사용하도록 하겠습니다. 그리고 그라운드 설치는 읍으로서도 어떻게 해서든 설치할 생각입니다만 경비 등의 관계로 급속하게는 실현이 어렵습니다. 농촌진흥운동은 초기의 목적을 달성하기 위해 최선의 노력을 하고 있습니다. 기타 사회사업에 관해서도 마찬가지 방침이며 色服 장려 등도 경비가 20원으로는 적지만 이것을 충분히 유리하게 활용해 갈 작정입니다. 행려병자는 근래에 매우 늘고 있습니다만 그 구제는 상당히 곤란합니다. 사회사업비와 농촌진흥비가 적은 것은 정말로 유감입니다만 어쩔 수 없습니다.

吳鳳根(10) : 소방조에 적립금이 있습니다만 전해들은 바에 따르면 황무지로부터의 수입이 있어 이를 적립하고 있다는 말이 있습니다. 소방의 경비는 이를 독립시키는 것이 어떻겠습니까?

의장 : 수입이 있는 것은 소방조의 경비로 사용해갈 생각입니다. 또 소방조에는 특별한 적립금이 없습니다. 그리고 소방조의 경비를 예산으로부터 분리하더라도 들어올 만큼은 들어오므로 마찬가지입니다.

尹喆周(6) : 소방회관은 화재보험에 가입하지 않습니까? 이것은 중대한 문제라고 생각합니다.

의장 : 올해는 꼭 가입할 생각이었습니다만 예산이 허락되지 않으므로 1년 연장한 것입니다.

睦珛相(1) : 세출 전반에 걸쳐 딱 집어 말할 점은 없지만 공회당, 회의실, 질옥의 설비가 매우 필요하다고 생각하는데 이것들은 기부에 의해서라도 사업을 일으킬 필요가 있다고 생각합니다. 읍예산과 관계가 없는 기부에 의해 행한 사업의 결산보고가 없는듯한데 이것은 그때마다 해주기 바란다. 예산에 통계표를 첨부할 필요가 있다고 생각합니다.

의장 : 공회당, 회의실의 설비는 매우 필요를 느끼고 있으므로 어떻든 하루라도 빨리 건설하려고 생각하고 있습니다. 질옥도 필요합니다만 경비가 허락하지 않으므로 현재로서는 그 계획은 없습니다. 독지가가 있어서 공회당이라도 세워주시기를 고대하고 있습니다. 통계가 없는 것은 불찰입니다. 邑制 일반은 그 작성 경비를 1938년도에 계상했습니다.

中山源市(8) : 제16관의 접대비는 작년 예산에는 계상한 것이 매우 적었는데 올해는 500원을 계상했습니다. 그런데 1935년도 도의 통첩에 따르면 300원 한도로 되어 있는데 그것이 현재까지 계속 유지되고 있는 것이라면 도에서 삭제될 것이라고 생각합니다. 방공비는 도에서 30만 원의 배당을 받았다고 하는데 그것은 읍에는 어느 정도 받을 수 있습니까? 상당액을 받을 수 있도록 하면 좋겠습니다.

의장 : 접대비는 현재로서는 600원까지는 인정하고 있습니다. 이 예산에 계상한 것은 550원입니다만 이 가운데 50원은 농촌진흥회 위원 도시락대금으로 잡혀 있습니다. 이것으로 충분하다고는 말할 수 없습니다. 방공비는 방공상 활동하지 않으면 안 되므로 다액의 경비를 필요로 합니다만 도저히 예산이 허락하지 않으므로 100원만 계상해두었는데 이것으로 충분하다고 할 수는 없습니다. 잘 아시듯이 본도에서 30만 원의 배당을 받았다고 하는데 아직 아무런 지시도 없습니다.

의장 : 오늘은 이로써 폐회하려고 생각합니다만 어떻습니까?

('이의 없다'고 외치는 사람이 많음)

의장 : 세출은 이것까지 결의한 것으로 해도 지장이 없겠습니까?

('이의 없다'고 외치는 사람이 많음)

의장 : 세출 예산은 이것으로 결정합니다.

의장 : 그러면 내일 오전 10시까지 휴회합니다.

오후 3시 50분 폐회

2) 1938년 3월 25일 안성군 안성읍회 회의록

항 목	내 용
문 서 제 목	安城郡安城邑會會議錄
회 의 일	19380325
의 장	徐相準(읍장)
출 석 의 원	睦瑣相(1), 李鍾權(2), 尹喆周(6), 朴弼東(7), 中山源市(8), 李範浚(9), 吳鳳根(10), 朴華秉(11), 朴嵩秉(12)
결 석 의 원	朴周秉(3), 朴容寅(4), 市山直衛(5)
참 여 직 원	奧中猶治郎(부읍장), 李奭柱, 李邦珪, 李晋永(이상 서기)
회 의 서 기	
회 의 서 명 자 (검 수 자)	徐相準(읍장), 尹喆周(6), 朴嵩秉(12)
의 안	제1호 안성대교 가설공사의 건, 제2호 안성천 호안공사 시행의 건, 제3호 안성읍 시장사용료징수의 건, 제4호 안성읍 화장장사용료 징수의 건, 제5호 안성읍 특별세규칙 신설의 건, 제5호 안성읍회 의원 및 명예직이원비용변상규칙 개정의 건, 제7호 안성읍 이원급료규칙 개정의 건, 제8호 안성읍 전염병예방구치종사수당규칙 개정의 건, 제9호 안성읍 여비규칙 개정의 건, 제10호 안성읍 시장사용규칙 개정의 건, 제11호 안성읍 화장장사용규칙 개정의 건, 제12호 1938년도 안성읍세부과율 결정의 건, 제13호 1938년도 안성읍 기본재산축적 일부 정지의 건, 제14호 1938년도 안성읍 세입출 예산의 건, 제15호 1938년도 안성읍 농량자금 특별회계 세입출 예산의 건, 제16호 1938년도 안성읍 소액생업자금 특별회계 세입출예산의 건, 제17호 안성읍 이원정원규정 개정의 건, 제18호 안성읍 처무규정 개정의 건
문 서 번 호 (I D)	CJA0004845
철 명	청년훈련소설립인가서류
건 명	공립청년훈련소설립인가의 건-파주군안성군(회의록)
면 수	5
회의록시작페이지	668
회의록끝페이지	672
설 명 문	국가기록원 소장 '청년훈련소설립인가서류'철, '공립청년훈련소설립 인가의 건-파주군안성군(회의록)'건에 포함된 1938년 3월 25일 안성군 안성읍회 회의록

해 제

본 회의록(총 5면)은 국가기록원 소장 '청년훈련소설립인가서류'철, '공립청년훈련소설립 인가의 건-파주군안성군(회의록)'에 수록되어 있는 1938년 3월 25일에 열린 안성군 안성읍회 회의록이다.

전날 회의에 이어 연속된 회의이므로 의안은 동일하며 18호 의안까지 원안대로 확정 가결되었다.

내 용

의안 :

제1호 안성대교 가설공사의 건

제2호 안성천 호안공사 시행의 건

제3호 안성읍 시장사용료징수의 건

제4호 안성읍 화장장사용료 징수의 건

제5호 안성읍 특별세규칙 신설의 건

제6호 안성읍회 의원 및 명예직이원비용변상규칙 개정의 건

제7호 안성읍 이원급료규칙 개정의 건

제8호 안성읍 전염병예방구치종사수당규칙 개정의 건

제9호 안성읍 여비규칙 개정의 건

제10호 안성읍 시장사용규칙 개정의 건

제11호 안성읍 화장장사용규칙 개정의 건

제12호 1938년도 안성읍세부과율 결정의 건

제13호 1938년도 안성읍 기본재산축적 일부 정지의 건

제14호 1938년도 안성읍 세입출 예산의 건

제15호 1938년도 안성읍 농량자금 특별회계 세입출 예산의 건
제16호 1938년도 안성읍 소액생업자금 특별회계 세입출예산의 건
제17호 안성읍 이원정원규정 개정의 건
제18호 안성읍 처무규정 개정의 건

1938년 3월 25일 오전 10시 10분 소방회관에서 개회

의장(徐相準) : 어제에 이어 지금부터 개회합니다. 오늘은 예산에 관
해 심의를 부탁합니다.

睦瑣相(1) : 기본재산 대지 수입의 貸地料가 전체적으로 보아 싼 것으
로 보이므로 이를 근본적으로 조사해 적당한 대지료로 고칠 필요가
있다고 생각합니다. 제2관 사용료 및 수수료의 건입니다만 묘지는
사용 토지가 충분하지 않은데 사용료를 징수하는 것은 문제가 있다
고 생각합니다. 도살우를 끌고 가는 도로는 매일 아침 학생들이 통
학하는 길이므로 도살우를 끌고 가는 길을 변경하면 어떻겠습니까?
증명수수료는 매우 적은 것으로 생각되는데 어떻습니까? 차량세부
가세는 징수하지 않는 것으로 하면 어떻겠습니까?

의장 : 현재 대지의 대부료는 평당 약 5전이므로 싼듯한데 주로 하천
변에 많기 때문에 이 대부료를 징수하는데 매우 어려움을 겪고 있
습니다. 그렇지만 읍내 중앙부에 있는 좋은 곳은 대부기한이 도래
하면 적당한 대부료로 고치도록 생각하고 있습니다. 근본책으로서
는 장래 필요가 없다고 전망되는 곳은 매각하려고 생각하고 있는데
그것도 생각대로 되지 않을 것 같습니다. 공동묘지는 더 이상 남은
땅이 없어졌기 때문에 이를 개량하는 것이 급무입니다만 묘지의 매
입지로 적당한 곳이 없으므로 지금 신경을 쓰고 있는 바로 묘지 구

입자금으로 100원만 계상한 것입니다. 도살우를 도살장으로 끌고 가는 도로도 필요한데 읍내에서 끌고 가는 것이기 때문에 안 보이는 곳으로 가는 것은 곤란합니다만 어떻든 생각해보겠습니다. 차량세부가세를 징수하지 말자는 이야기가 있었습니다만 읍 수입의 관계도 있으므로 이를 징수하지 않을 수는 없습니다.

吳鳳根(10) : 대지료는 지난해와 마찬가지인데 자산총액 3만 원에 대해 900원은 소액이지 않습니까? 공동묘지 사용료는 예산에 계상된 것보다 조금 더 많을 것으로 생각합니다. 묘지의 3등지는 사용료를 면제하는 것은 어떻겠습니까? 그리고 2등지를 사용하는 자는 5평 이상을 사용하는 자가 있는데 이들을 잘 단속해야 한다고 생각합니다. 다음으로 시장 사용료입니다만 가축시장의 사용료 수입이 신탄시장 사용료 수입과 비교하면 적다고 생각됩니다만 어떻습니까?

의장 : 대부 벼에 관해서는 추수기에 그 당시 3회의 장날의 곡가를 조사해 이를 평균해 납입고지서를 발송하는 것으로 기본으로 삼고 있습니다. 垈地의 대부료에 관해서는 현재는 일반 민간의 것보다는 싸게 생각되는 부분이 있는 것 같으므로 계약의 갱신 시기에 적당한 처치를 취하려 생각하고 있습니다. 공동묘지에 관해서는 구획을 명료하게 하여 사용료를 징수할 계획입니다. 시장사용료의 가축시장과 신탄시장의 차액이 큰 것 같은데 가축시장은 장날만 사용료를 징수하고 있고 신탄시장 쪽은 매일 사용료를 징수하기 때문입니다.

朴崧秉(12) : 도살장 사용료에 관해 말씀드립니다. 개의 도살을 각각 자유로운 장소에서 하지 않도록 반드시 도살장에서 도살하도록 하면 주변 가옥에 폐를 끼치지 않고 위생 면에서 보더라도 또 단속 면에서 보더라도 좋을 것이라 생각합니다.

의장 : 개도 도살할 때는 도살장을 사용하도록 되어 있기 때문에 당국

과 잘 상담하여 선처하도록 하겠습니다.

朴嵩秉(12) : 반드시 실행해주기 바랍니다.

吳鳳根(10) : 읍의 대지료를 갱신할 때는 이를 의원에게 상의해 사정하도록 하는 것은 어떻습니까? 공동묘지는 현재에 보면 남는 땅이 없는 것 같지만 이를 잘 정리하면 좀 더 여유가 있으므로 관리인을 두어 관리 및 정리를 하도록 하는 것은 어떻겠습니까?

의장 : 장래에는 부근에 있는 사람에게 연액으로 어느 정도 정리비를 주고 정리를 시킬 예정입니다.

尹喆周(6) : 공동묘지의 도로가 좋지 않아 불편하므로 도로를 확장 정비하도록 하기 바랍니다. 조만간 의원 가운데에서 몇 명이 공동시찰을 하여 도로나 묘지 사용상황 등에 관해서도 잘 살펴볼 필요가 있다고 생각합니다.

의장 : 좋은 일이라 생각합니다. 본회의 후 좌담회에서 정하는 것으로 하고 시찰일은 4월 4일 이후 상순 중으로 정해 통지하도록 하겠습니다.

吳鳳根(10) : 신탄시장 입장료의 징수원은 입찰을 하여 결정할 의지는 없습니까?

참여원(이석주) : 이것은 읍에서 징수원을 두어 징수하는 것이 좋다고 생각합니다.

의장 : 참여원의 이야기대로 징수원을 둘 예정입니다.

李鍾權(2) : 특별영업세의 부과인원이 적은 것은 어째서입니까?

睦㻾相(1) : 2번과 관련해 말씀드립니다. 특별영업세의 부과인원이 적은 것 같은데 어떤 이유가 있습니까? 호적증명수수료에 1원을 계상하고 있는데 너무 적다고 생각합니다. 잡수입은 물품매각대, 비료대 30원밖에 보이지 않는데 청결인부가 매일 반출하는 것도 큰데

더 이상의 수입은 없습니까? 토목비 보조금의 학교앞 도로분은 內
牒이 있었습니까? 읍회 의원으로 하여금 다른 곳을 시찰하게 할 의
지는 없습니까? 읍회에서 읍의 참여원으로 재무담당자가 출석하지
않는 것은 불편하게 생각하므로 앞으로는 출석시키기 바랍니다.

의장 : 첫 번째 질문에 대해서는 국세인 영업세 납부자를 제외했기 때
　　문입니다. 두 번째 질문의 비료는 도살장으로부터 나오는 것뿐이고
　　청결한 쓰레기는 돌, 유리, 사기, 쇠조각 등의 파편이 섞여있기 때
　　문에 사는 사람이 없기 때문이고, 세 번째의 질문에 대해서는 실제
　　수입이 적습니다. 읍회 의원의 출장시찰은 생각하고 있는데 경비가
　　허락하지 않기 때문이고 경비만 허락된다면 시찰을 받으려 생각하
　　고 있습니다. 학교 앞 도로의 시구개정 내첩은 아직 없지만 조만간
　　있을 것으로 생각합니다. 읍회와 관계가 있는 읍리원의 출석에 관
　　해서는 앞으로 주의하겠습니다.

睦瑱相(1) : 지금의 답변을 구체화하기를 바랍니다.

의장 : 더 이상 질문이 없으면 제1호안에서 제14호안까지 원안대로 결
　　정해도 좋겠습니까?

睦瑱相(1) : 이의 없습니다.

('이의 없다'고 외치는 사람 많음)

의장 : 이의가 없는 것 같으므로 제1안부터 제14호안까지 원안대로 확
　　정합니다.

의장 : 지금부터 제15호안부터 심의를 부탁합니다.

睦瑱相(1) : 제15호안부터 제18호안까지 일괄하여 심의하기를 바랍니
　　다.

尹喆周(6) : 1번에 찬성.

('찬성'이라고 외치는 사람 많음)

의장 : 그러면 제15호안부터 제18호안까지 일괄하여 심의를 부탁합니다.

睦瑱相(1) : 원안에 찬성.

尹喆周(6) : 1번에 찬성.

('찬성'이라고 외치는 사람 많음)

의장 : 이의가 없다고 인정되므로 원안대로 확정합니다.

의장 : 그러면 제출한 의안은 전부 논의를 마쳤습니다.

의장 : 다망한 가운데 이틀간에 걸쳐 매우 수고하였습니다. 이것으로 폐회합니다.

11시 55분 폐회

(하략-편자)

방광석

홍익대학교 교양과 교수

릿쿄(立教)대학 문학박사. 주요 논저로 『근대 일본의 국가체제 확립과정』
(혜안, 2008), 『한국 근대국가 수립과 한일관계』(공저, 경인문화사, 2010),
『관습조사(1)-일제의 관습조사와 토지법제 인식』(공편역, 동북아역사재단,
2021), 『관습조사(2)-일제의 조선 관습조사와 식민지 법제 추진』(공편역, 동
북아역사재단, 2022) 등이 있다.